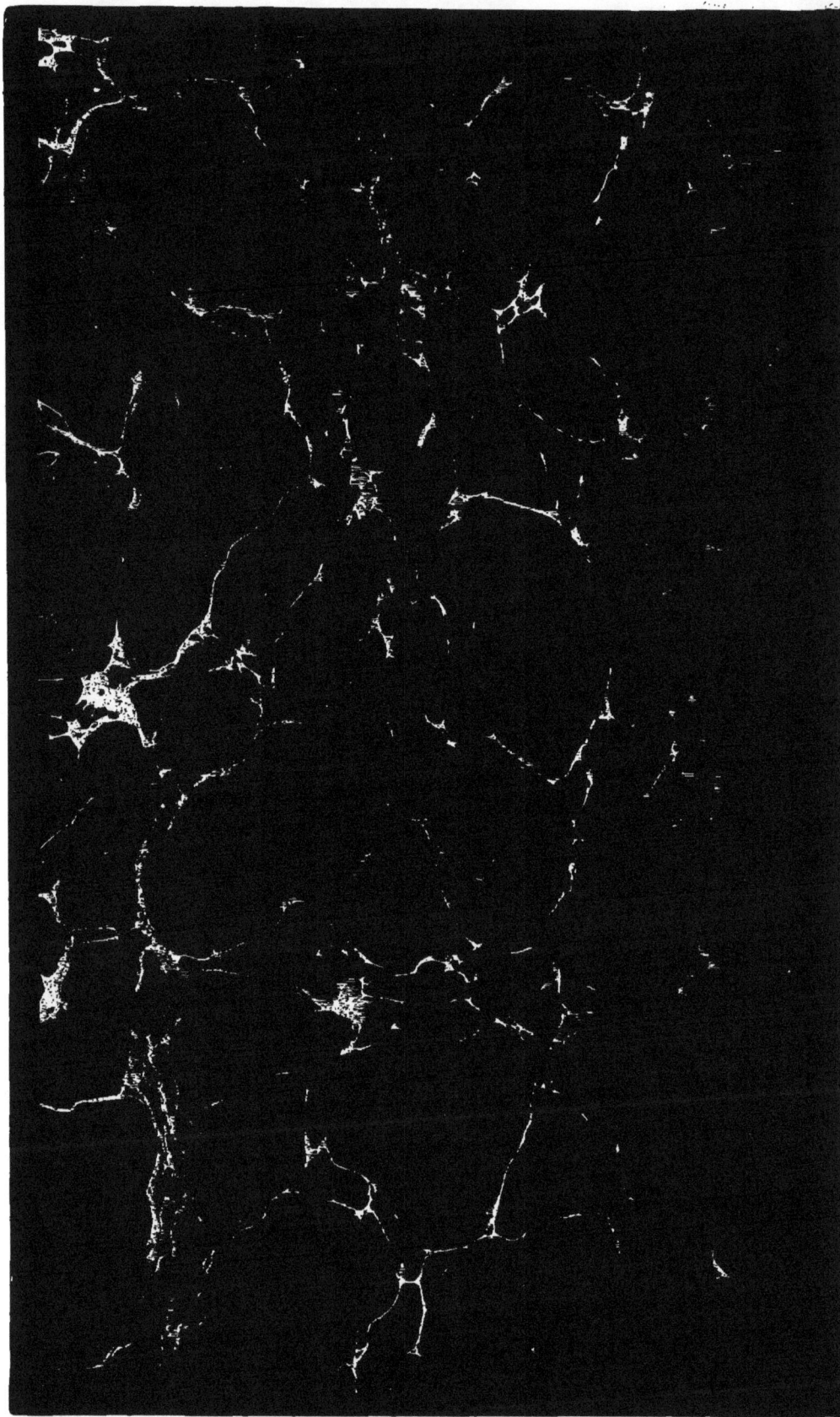

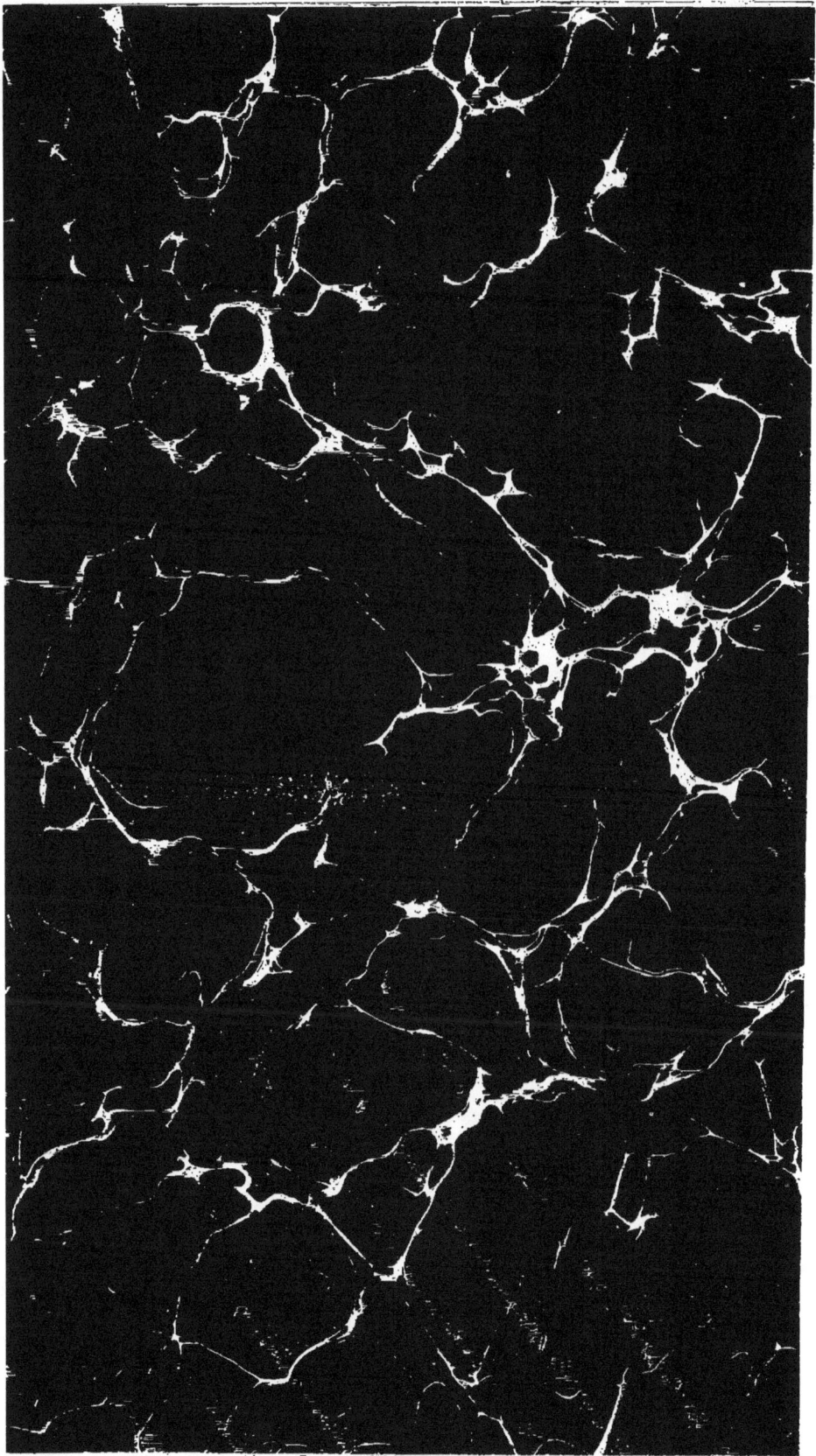

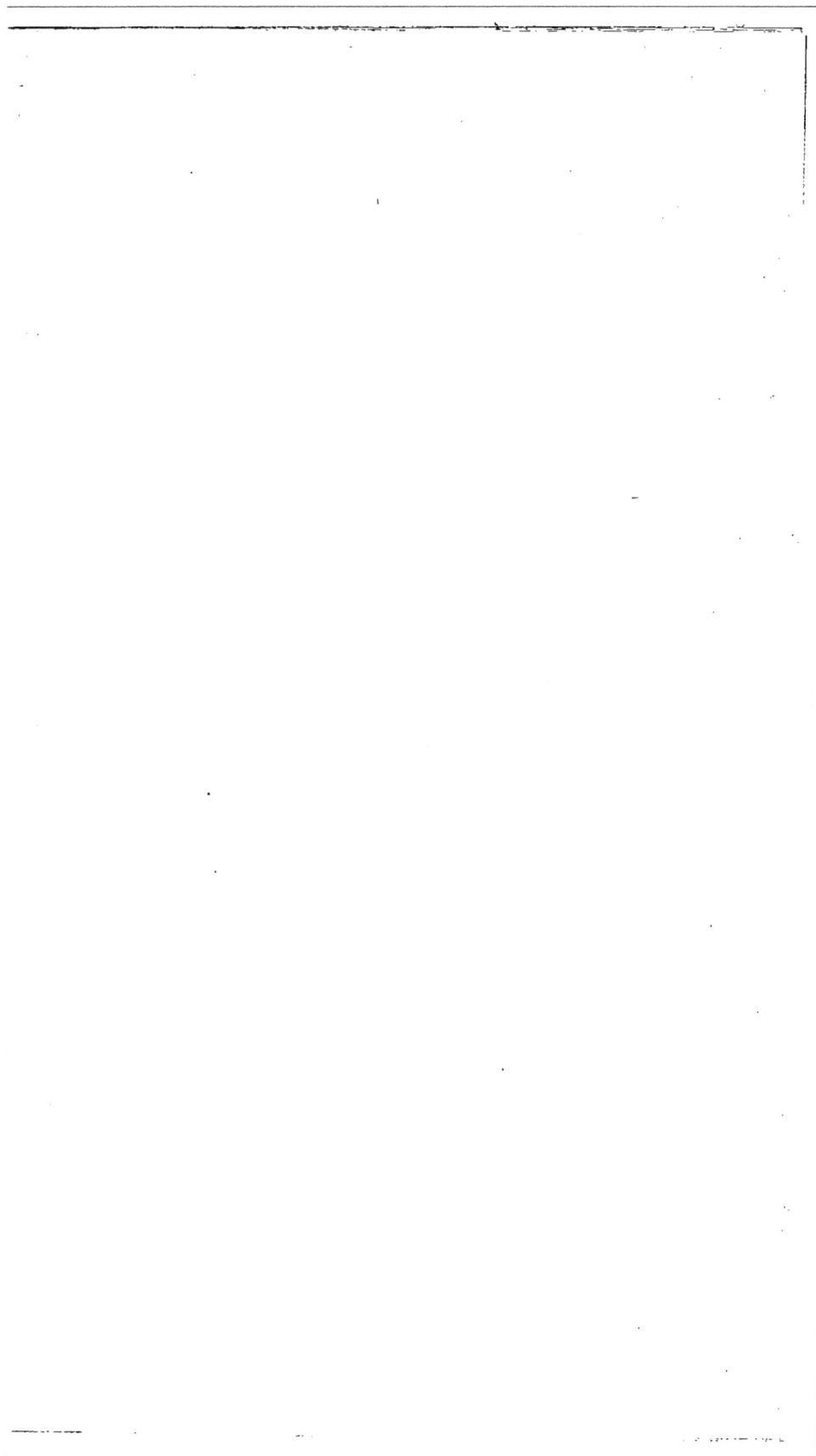

F

36868

DE L'ARROSAGE.

DE L'ARROSAGE

DANS LE DÉPARTEMENT

DES PYRÉNÉES-ORIENTALES

ET

DES DROITS DES ARROSANTS SUR LES EAUX;

PAR M. A. JAUBERT,

DE PERPIGNAN.

PARIS,

IMPRIMERIE ET LIBRAIRIE D'AGRICULTURE ET D'HORTICULTURE

DE Mme Ve BOUCHARD-HUZARD,

RUE DE L'ÉPERON, 7.

—

1848

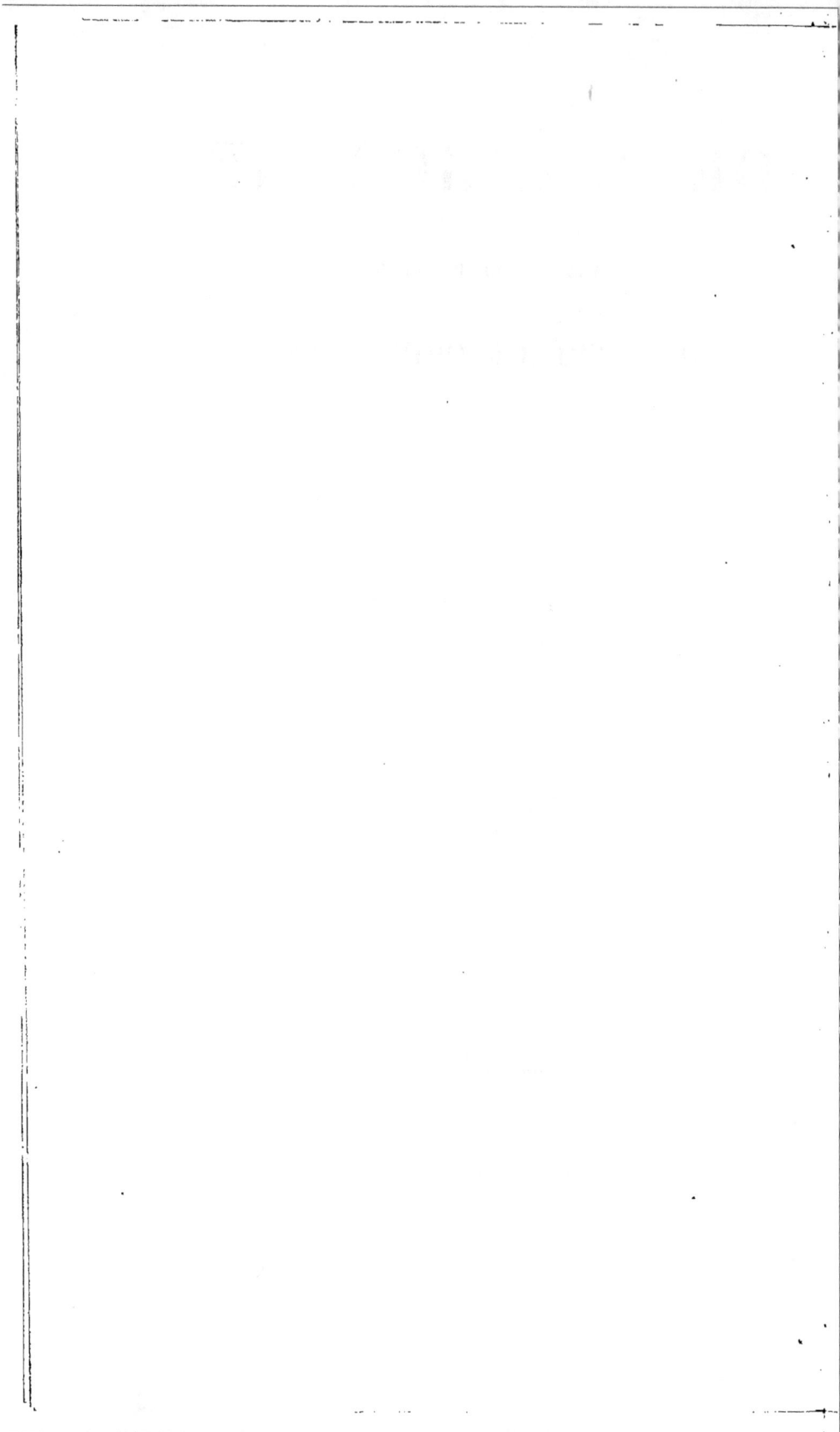

SOCIÉTÉ NATIONALE ET CENTRALE

D'AGRICULTURE.

RAPPORT

SUR UN MÉMOIRE DE M. A. JAUBERT, DE PERPIGNAN,

SUR

LES ARROSAGES DU ROUSSILLON,

par M. Héricart de Thury.

MESSIEURS,

M. Jaubert, avocat à Perpignan, vous a écrit, le 27 avril
dernier, qu'encouragé par les services que votre Société rend
à l'agriculture française, la confiance que ses travaux com-
mandent au gouvernement, et l'influence qu'elle a tant de
droits à exercer sur ses décisions dans les questions d'écono-
mie agricole, il a eu la pensée de lui faire hommage d'une notice qu'il vient de faire *sur l'arrosage dans le département des
Pyrénées-Orientales, et les droits des arrosants sur les eaux*,
convaincu, ajoute-t-il, que cette question n'a pas été traitée
avec la profondeur et la science qu'elle exige ; mais que,
confiant dans l'indulgence de la Société, il espère que, si
elle ne peut rendre justice à l'œuvre d'un savant, elle vou-

dra bien cependant l'accueillir comme l'œuvre d'un citoyen qui cherche à payer, autant qu'il est en lui, sa dette à son pays.

La notice de M. Jaubert ou plutôt, et pour mieux exprimer notre pensée, son mémoire, car c'est un bon et excellent mémoire et non une notice, est un recueil statistique et raisonné de l'ancienne législation, des actes, des monuments judiciaires qui, pendant de longs siècles, ont régi les eaux d'arrosage des vallées des Pyrénées-Orientales, notre ancien Roussillon, par lequel M. Jaubert, au moment où nous venons de faire le premier pas dans la voie d'une nouvelle législation sur les irrigations, a voulu appeler votre attention et celle du gouvernement sur les droits acquis, les droits légitimes et consacrés par tant de siècles.

« Chercher, dit-il, à étendre les irrigations aux dernières
« limites du possible, en sacrifiant à des concessions nou-
« velles, à titre gratuit, des droits acquis depuis plusieurs
« siècles à titre onéreux ; amoindrir, détruire peut-être les
« garanties sur lesquelles reposent des contrats de prêts, des
« partages de successions, des conventions matrimoniales,
« l'assiette d'un fort impôt, l'existence de nombreuses fa-
« milles, de populations entières, serait renverser tous les
« principes de légalité et de justice pour consacrer l'injus-
« tice et la spoliation. »

Dans les quatre premiers paragraphes de son mémoire, M. Jaubert a présenté un aperçu analytique de la législation des cours d'eau du Roussillon, en remontant aux temps les plus reculés : ainsi

1° Aux quatre siècles de la domination romaine ;

2° A celle des Wisigoths, dont le code n'était que le reflet de celui de Rome, comme le prouve la coutume de Perpignan, rédigée, en 1172, par le dernier comte du Roussillon ;

Et 3° à celle de la domination des Sarrasins : puis ensuite il passe à l'examen des chartes, lois et actes authentiques des divers souverains ; après que l'épée de Charles Martel eut affranchi du joug des barbares les peuples des Pyrénées et que le Roussillon, se réunissant de lui-même à la France, devint un de ses comtés, avec le privilége de conserver ses usages et ses lois, et d'être régi par eux, *secundum priscum morem*.

Après avoir ainsi exposé les actes en vertu desquels sont établis les vieux droits des usagers sur les cours d'eau des vallées du Roussillon, M. Jaubert examine et discute, dans son paragraphe 5, les mesures à prendre avant d'accorder aucune nouvelle concession, pour concilier les droits des anciens usagers avec les dispositions des nouvelles lois et ordonnances, et il demande la vérification ou la constatation desdits droits en présence de tous les coutumiers, le jaugeage des bassins et des cours d'eau, pour reconnaître la suffisance ou l'insuffisance des eaux, etc.

L'ancien code administratif du Roussillon attestait, dit M. Jaubert, toute l'importance que les souverains de ce pays attachaient à la conservation des grands cours d'eau. Les lois de 1790 et 1791 ont aboli ce code, et, depuis, les grands cours d'eau qui alimentaient les principaux canaux d'arrosage du pays subissent, chaque année, une foule d'envahissements et d'illégalités qui vont toujours en croissant, vu l'impossibilité de les réprimer, et, à ce sujet, il présente, dans son paragraphe 6, quelques considérations générales sur la nécessité de soumettre à un régime administratif spécial, et à une surveillance particulière, les grands cours d'eau sur lesquels existent déjà, ou peuvent être créés à l'avenir, des établissements d'utilité générale.

En se résumant, M. Jaubert dit qu'il a cherché à démontrer

1° Que les trois rivières du Roussillon, domaniales au xiiie siècle, étaient, comme telles, aliénables et que leurs eaux furent aliénées;

2° Que les possesseurs de ces eaux ne peuvent être dépossédés de leurs droits sans briser des contrats légaux;

3° Et que de nouveaux droits ne peuvent être créés que

lorsque, préalablement, il aura été constaté que les cours d'eau sont et seront constamment suffisants pour fournir les volumes d'eau nécessaires aux droits des anciens et aux besoins des nouveaux usagers.

Enfin il termine en demandant des garanties légales pour les anciens droits dans l'instruction des demandes de nouvelles concessions, et la création d'une administration spéciale et particulière pour tous les grands cours d'eau, soit qu'ils soient classés comme dépendances du domaine public, soit que, sans avoir pu être classés, ils n'en soient pas moins d'une utilité publique et générale.

Dans cette rapide analyse du mémoire de M. Jaubert, nous avons cherché, Messieurs, à vous en faire bien connaître le motif, afin de vous mettre à même de juger et apprécier la manière profonde et raisonnée avec laquelle il a traité l'importante question des droits des anciens usagers des eaux des rivières domaniales du Roussillon, combien il est fondé à réclamer en leur faveur la protection du gouvernement, et à lui demander pour eux des garanties légales dans l'instruction des nouvelles concessions à créer.

Si vous jugiez, comme nous, que le mémoire dont M. Jaubert vous a fait hommage ne peut faire partie de votre concours des irrigations d'après le libellé des conditions du programme, nous aurions alors l'honneur de vous proposer, Messieurs,

1° De faire insérer ce travail dans le recueil de vos mémoires, comme un des meilleurs modèles à suivre dans les questions à traiter sur le même sujet;

2° D'en faire tirer à part deux cents exemplaires, dont un cent serait remis à l'auteur;

3° De lui décerner, en séance publique, un exemplaire du traité théorique et pratique des irrigations de M. Nadault de Buffon;

4° De remercier M. Jaubert de l'hommage qu'il vous a fait de son mémoire, en le prévenant que, s'il était dans l'intention d'y ajouter quelques' actes, chartes ou titres, comme pièces justificatives, avant de le faire imprimer, son mémoire lui serait remis sur la demande qu'il en adresserait à votre bureau.

DE L'ARROSAGE

DANS LE

DÉPARTEMENT DES PYRÉNÉES-ORIENTALES

ET

des droits des arrosants sur les eaux.

Parmi les fleuves, les grandes rivières qui coulent sur le sol français, il en est qui rendent à l'agriculture de précieux services; il en est d'autres dont les eaux, ou du moins la plus grande partie des eaux, vont se perdre dans la mer sans avoir servi à la moindre irrigation, et ce n'est pas assez, après avoir dévasté dans leurs crues de vastes territoires que la main de l'homme, guidée par la science, aurait pu les forcer de féconder.

Encaisser ces rivières, utiliser leurs eaux pour l'arrosage qui doterait le sol d'une population toujours croissante de nouvelles et plus abondantes productions, ajouter aux richesses de l'État en ajoutant à l'aisance du cultivateur, sont des pensées de haute prévoyance, de sage administration, d'utiles progrès ; elles assurent au gouvernement des droits à la reconnaissance du pays, s'il les poursuit avec persévérance, s'il les exécute avec justice.

Mais chercher à étendre les irrigations aux dernières limites du possible, en sacrifiant à des concessions nouvelles, à titre gratuit, des droits acquis depuis plusieurs siècles à titre onéreux, amoindrir, détruire peut-être les garanties sur lesquelles reposent des contrats de prêt, des partages de successions, des conventions matrimoniales, l'assiette d'un fort impôt, l'existence de nombreuses familles, de populations entières, serait renverser tous les principes de l'égalité et de la justice pour consacrer l'injustice et la spoliation.

Au moment où le gouvernement a fait le premier pas dans les voies d'une législation nouvelle sur les irrigations, cette notice, par le reflet des œuvres de nos anciens et savants légistes, sur les lois qui régissaient les eaux dans le vieux Roussillon, sur l'origine, l'étendue et la nature des droits que des particuliers, des associations de propriétaires, des communautés d'habitants avaient acquis sur elles, m'a paru de quelque utilité. Cette notice, j'ai osé l'essayer. J'ai voulu prouver toute la sollicitude que doivent les législateurs de nos jours à la conservation, dans un long avenir, de ces nombreux canaux d'arrosage qui sillonnent nos vallées, et sur lesquels reposent toutes les prospérités d'une province presque entièrement agricole, et demander aux lois nouvelles, pour des droits légalement acquis au Roussillonnais sur les eaux de sa province, la justice et la protection qu'une législation neuf fois séculaire ne leur a jamais refusées.

§ 1.

Les grands cours d'eau, parmi lesquels il en est qui parcourent de longs espaces, des provinces, des royaumes entiers, se composent de deux parties distinctes : le sol qui forme leur lit, l'eau qui y coule.

L'occupation et les autres moyens de droit naturel d'acquérir la propriété n'ont jamais pu faire entrer dans le domaine privé de l'homme l'eau, considérée comme élément, comme substance fluide, toujours mobile et d'une nécessité absolue aux besoins de tous ; tant qu'elle a fait, pour ainsi dire, corps avec le bassin dans lequel la nature la déposa, elle est restée commune à tous pour la satisfaction des besoins de tous.

Dès l'instant que, considérée comme substance indépendante du sol sur lequel elle coule, et qu'extraite du vase que la nature lui avait fait, elle fut appliquée aux progrès de l'industrie, aux besoins de l'agriculture, l'eau put devenir la propriété de l'individu ; elle tomba sous la puissance de la loi civile, sous les ordonnances du pouvoir administratif, qui régissent les sociétés humaines.

Aussi, dès que ces sociétés furent organisées et des gouvernements réguliers établis, les eaux publiques furent laissées entre les mains du pouvoir souverain, premier protecteur des grands intérêts sociaux, et chargé, par ses fonctions suprêmes, d'utiliser, d'agrandir, en le confiant à des classes particulières de citoyens, à des individualités spéciales, tout ce qui pouvait, en favorisant les intérêts particuliers, favoriser et faire prospérer les intérêts généraux. Parmi ces choses d'utilité générale et privée se plaçait l'application des eaux publiques à l'irrigation des propriétés privées.

Le Roussillon, placé sous le plus beau soleil des régions pyrénéennes, parcouru de l'occident à l'orient par trois grands cours d'eau qu'une pente rapide conduit du sommet des hautes montagnes où se trouvent leurs sources jusqu'à la mer, par les conditions sous lesquelles il est placé, dut être, dans tous les temps, un pays d'arrosage.

Les choses qui touchent aux intérêts matériels des grandes associations humaines durent, dans les plus anciens jours, recevoir à peu près la même organisation légale, quelle que fût la forme de gouvernement que chacune de ces associations eût subie ou se fût donnée ; fût-elle assise sur un vaste territoire, fût-elle, comme celle qui s'établit dans le Roussillon, assez peu nombreuse pour pouvoir vivre dans un cercle de quelques lieues, enfermée entre la mer et de hautes montagnes.

Quelle fut la législation des eaux publiques dans cette province, soit lorsque, avant d'être annexée au grand empire, elle vivait sous des chefs particuliers; soit lorsque, après la domination romaine, elle subit celle des Visigoths; soit enfin lorsque, après eux, les Sarrasins l'occupèrent? Les monuments historiques contemporains n'existent pas pour nous le montrer; les siècles suivants pourront peut-être nous l'apprendre.

Après que l'épée de Charles Martel eut arraché au joug des barbares les peuples des Pyrénées, le Roussillonnais se plaça de lui-même sous le sceptre des rois de France. Sa patrie devint un de ces comtés qu'ils formèrent en deçà et au delà de ses montagnes, avec le privilége de conserver ses usages et ses lois et d'être régi par eux, *secundum priscum morem*.

Pendant près de quatre siècles province romaine, lorsque plus tard il appartint aux Visigoths dont le code n'était que le reflet des codes de Rome, la loi romaine fut sans doute la loi écrite du Roussillon. Ce qui le prouve, c'est que son dernier comte rédigea en 1172, en loi écrite, la coutume de Perpignan; et, dans le premier article de cette coutume, on lit : « Homines Perpiniani debent placitare et judicare per « consuetudinem Perpiniani; et *per jura* ubi consuetudines « deficiunt, et non per usaticos barchinones, neque per le- « gem gothicam quæ non habent locum in villâ Perpi- « niani. »

Une seule observation. Si la capitale du comté dans le silence de la coutume devait plaider et être jugée *per jura*, il faudra dire, avec tous les légistes des anciens jours, que c'était par les codes romains. Or la loi romaine donnait au prince le droit de disposer des eaux publiques; ce même droit devait être dans le Roussillon entre les mains de son souverain, sous le titre de comte.

Mais viennent les jours de la féodalité, «pendant lesquels
« (dit Troplong dans son *Traité des prescriptions*) les usur-
« pations des seigneurs avaient morcelé et localisé la sou-
« veraineté. Elle avait investi les petits seigneurs suzerains
« du droit de haute justice, attribut de leur quasi-souverai-
« neté ; et, comme ce droit entraînait après lui des frais, les
« seigneurs avaient doté leurs fiefs de certains émoluments
« qui leur permettaient d'y faire face. Parmi ces émolu-
« ments étaient la police et la propriété de petits cours
« d'eau. » Le savant Robertson, dans son admirable tableau
de l'Europe à cette époque, nous apprend que, dans le
x⁰ siècle, « les seigneurs les plus puissants s'étaient arrogé
« les droits de la haute et de la basse justice. Ils ne s'en
« tinrent pas là ; ils firent ériger leurs domaines en réga-
« lités avec presque tous les droits de la juridiction et de la
« prérogative royale. »

Cette vérité historique, attestée par Troplong, Robertson,
Mably et mille autres de nos publicistes, est constatée, pour
le Roussillon, par des monuments irrécusables. Toutes les
concessions d'eaux, depuis le ix⁰ siècle jusqu'au xii⁰, y furent faites non par les comtes, souverains héréditaires du
pays, indépendants depuis 865, et relevant seulement des
rois de France, mais par les seigneurs ; et ces concessions
portaient non-seulement sur les petits cours d'eau qui com-
mençaient et finissaient dans leurs fiefs, mais sur les grandes
rivières qui, sur leur chemin vers la mer, longeaient ou
traversaient quelques instants leurs domaines. Les seigneurs
avaient-ils fait ériger leurs fiefs en régalités? Cela pourrait
se déduire, ce semble, de l'observation suivante. Il est
encore, de nos jours, des propriétaires, des associations
d'arrosants, des communes qui ne possèdent des eaux qu'en
vertu des titres qui furent, à cette époque, fournis par les seigneurs à leurs auteurs. Parmi ces communes, nous citerons
celle de Milbas, qui n'a d'autre titre de propriété de son canal d'arrosage que celui qu'elle reçut en 1163, de Pons,
simple seigneur d'Ille ; et il faut remarquer que, si les usa-

gers porteurs de ces titres ont été quelquefois, dans les siècles suivants, troublés dans leur possession, ce ne fut que quand ils voulurent s'en servir pour innover dans le mode ou dans l'étendue de leur jouissance, exécuter de nouveaux travaux sur les rivières de la province appartenant au domaine royal, ou obtenir en face du pouvoir souverain, rentré en possession de ses droits de régale, de nouvelles concessions d'eaux des seigneurs dépouillés des droits qu'ils avaient usurpés.

Avec le XIIIe siècle commence, pour le Roussillon, un nouveau gouvernement politique. Par le testament de Gérard, son dernier comte, il était passé sous le sceptre d'Alphonse, roi d'Aragon ; son nouveau souverain, à l'exemple des rois de plusieurs autres États de l'Europe, ressaisissait alors les droits régaliens dont la féodalité avait dépouillé sa couronne.

A la mort du roi Jayme, l'un des successeurs d'Alphonse, le royaume d'Aragon se partagea entre ses deux fils. Le Roussillon fut une des provinces qui échurent à Jayme, l'un des deux partageants, et qui formèrent le royaume de Mayorque, dont il fut roi. Ce nouvel état n'eut qu'environ soixante ans d'existence. Une pragmatique de Pierre IV reconstitua, en 1344, le royaume d'Aragon, tel qu'il avait été avant le partage de 1252, et le Roussillon rentra sous le sceptre des rois, à qui il avait été légué.

Alors le Roussillon et la Catalogne, dépendances du royaume d'Aragon, et formant des comtés séparés, furent réunis sous le même gouvernement politique : ils eurent un code commun, les constitutions de Catalogne; des États communs composés des députés des deux provinces, et cette assemblée, appelée les *corts*, était chargée de la fonction des lois civiles, administratives et financières qui devaient les régir.

Dans le code qui devait être désormais son premier droit, le Roussillon trouva un ancien usage relatif aux eaux, usage dont le comte Berenger avait fait, depuis 1068, une loi

écrite pour la Catalogne. Cet usage, le voici : « Stratæ, vice
« publicæ, aquæ currentes, fontes vivi, pascuæ, sylvæ, ro-
« chæ, garrices, sunt de potestatibus; non ut habeant per
« allodium, vel teneant in dominio, sed ut sint ad empera-
« mentum cunctorum populorum. »

C'est donc aux puissances du pays que cet usage donnait
la disposition des eaux. Ce qu'étaient les puissances, tous les
anciens légistes nous l'apprendront par Marquillez, le plus
savant d'entre eux, dans le xv⁰ siècle.

Les puissances, dit-il, pages 211, 212, sont les comtes,
parce que, seuls, ils ont le pouvoir éminent, le *mercem imperium*; mais les nobles, ayant aussi dans leurs fiefs le *mercem imperium*, sont aussi des puissances : « Sed, cum infe-
« riores vice comites et alii principales habent mercem impe-
« rium, possunt se prædictis, aquis, sylvis, etc., etc., in-
« tromittere. »

Cet usage, qui était l'article 72 du code publié par le
comte de Barcelone, Berenger, ne paraissait que poser un
principe. Il avait sans doute favorisé les usurpations des seigneurs sur les eaux du domaine royal; aussi, dans l'année
1283, Pierre III déclara, par une nouvelle constitution, qu'il
ne s'appliquait qu'aux eaux seigneuriales, qu'il appelle eaux
des châteaux, *ayguas dels castells*, et il dit explicitement :
« Nous ordonnons que l'usage des châteaux reste tel qu'il a
« été anciennement ». *Const. de Cat.*, livre IV, titres I
et III.

Ainsi, c'est le droit romain qui était entré depuis plusieurs
siècles dans le droit public des provinces pyrénéennes, qui
est remis en vigueur dans le xiii⁰ siècle. Aux seigneurs, suivant l'usage *stratæ*, la propriété des petits cours d'eau qui
commencent et finissent dans leurs fiefs; au roi, les grandes
rivières qui, après avoir parcouru une partie du territoire
national, vont déboucher à la mer. Elles sont rentrées dans
le domaine du souverain, sur lequel elles avaient été usur-
pées. Les rois en disposent comme si les seigneurs n'en
avaient jamais disposé; et le savant Marquillez dit avec

raison : « Solus princeps hunc usum aquarum currentium
« potest concedere, et de his aquis procurator regius gene-
« ralis Cataloniæ, tanquam judex ordinarius nomine regis,
« instante petente ex proprio officio potest se intromittere. »
MARQ., p. 207.

Aussi, si une loi nationale, une pragmatique du souverain,
ne constatent pas la rentrée, à cette époque, des eaux des
grandes rivières dans le domaine du souverain, c'est qu'il ne
s'agissait pas de créer par une loi nouvelle des droits de régale
nouveaux ; c'est que le prince ne faisait que ressaisir, en
vertu des lois anciennes et non abrogées, les droits dont il
avait été dépouillé par les usurpations des seigneurs. Mais les
chartes royales, les actes des procureurs royaux, le silence
des seigneurs, la résignation de leurs concessionnaires devant
les exigences du pouvoir souverain, alors qu'elles percutaient
des droits qu'ils avaient tant d'intérêt à soutenir légitimes,
attestent cette vérité avec autant de force qu'une loi
écrite.

La doctrine des auteurs, les monuments judiciaires sont
encore des preuves historiques, aussi puissantes qu'une loi
écrite, qu'une pragmatique, pour démontrer la domanialité
des trois grands cours d'eau du Roussillon, dans ces temps si
loin de nous.

Marquillez, dans son *Traité des régales*, recherche quels
sont les cours d'eau du domaine royal d'Aragon. Il pose en
principe général que ce sont ceux qui, après avoir parcouru
une partie du territoire national, vont déboucher à la mer ;
il poursuit : « Et quæro quot sunt in Cataloniæ principatu
« flumina quod gravitent et inundent mare. » Il nomme le
Ther, la Fluvia, le Llobregat, l'Èbre dans le Lampourdan,
et, dans le Roussillon, le Thec, la Tet et l'Agly ; Tecus, The-
tis et Aquilinus.

Depuis Marquillez, la doctrine des auteurs n'a pas cessé
d'établir que ces trois rivières étaient domaniales, non pas
qu'elles fussent en fait navigables et flottables comme elles
devaient l'être aujourd'hui pour une dépendance du domaine

public, mais parce qu'elles faisaient, du moins depuis le xiiie siècle, partie du domaine du roi.

Et comment leur domanialité pourrait-elle être contestée devant les chartes si nombreuses de nos anciens rois, contenant des concessions de leurs eaux, sans opposition de la part des seigneurs, et accordées aux sollicitations de tant d'associations de propriétaires, de tant de communautés d'habitants ?

Le 5 des kalendes de novembre 1312, le roi de Mayorque concède aux habitants de Rivesaltes le droit de prendre les eaux de l'Agly pour l'arrosage de leurs terres.

Pezilla possédait une prise d'eau sur la Tet pour son canal d'arrosage depuis le xie siècle. En 1411, Pierre de Fenolet, vicomte d'Ille, inféoda à cette commune de nouvelles eaux sur cette rivière. Le procureur royal s'opposa à la construction du nouveau canal ; la concession sur laquelle s'appuyait la commune fut, de son consentement, remplacée par un titre émané du roi.

En 1305, le roi de Mayorque annula une concession d'eau faite par l'abbé de Lagrasse, seigneur de Marquixanes, à la communauté de ses habitants, sur le motif qu'à lui seul appartenait le droit de concéder les eaux de la Tet : « Cum ad « nos spectat concessio dictæ aquæ. »

En 1184, le seigneur d'Ortaffa avait autorisé les habitants d'Elne à prendre les eaux du Thec sur le territoire de son fief, pour les amener dans un canal à l'usage des moulins d'Elne, et pour l'arrosage de son territoire.

Après deux siècles de jouissance, les habitants voulurent faire de nouveaux travaux sur leur canal : le procureur royal s'y opposa et rendit une ordonnance pour leur destruction ; les habitants gardèrent le silence, une nouvelle ordonnance les condamna, par défaut, à procéder à cette destruction.

Leur titre de 1184 émanait d'un seigneur tenu, à cette époque, pour habile à le fournir ; aussi le roi, quoique rentré depuis longtemps dans ses droits de régale, l'avait respecté

2

Mais, dès que les habitants voulurent innover sur l'état des lieux sans son consentement, il voulut à son tour exercer tous ses droits dans toute leur étendue, et ne pas permettre que, sans son autorisation, l'on disposât de ses eaux domaniales ou changeât la hauteur des eaux du Thec.

Il fit diriger par son procureur royal une action contre la communauté d'Elne ; celle-ci, confiante dans son titre, ne s'occupa pas de le défendre. Elle devait subir toutes les conséquences du jugement rendu ; mais le roi, dans sa justice, ne voulut pas anéantir des droits qui dérivaient d'un titre qu'on avait cru légitime, et soutenus par une possession plusieurs fois séculaire. D'autre part, la communauté d'Elne était intéressée à faire consacrer ses droits par un titre émané du roi, et à les mettre à jamais à couvert de toute contestation ; il y eut transaction. Le roi, ayant égard aux besoins des habitants, leur confirma la concession des eaux dont ils avaient usé, et les habitants s'obligèrent à en payer le prix convenu à 200 livres de Barcelone.

Cette transaction fut écrite dans un acte public du 13 juin 1392 : il est qualifié, dans les mémoires de nos anciens jurisconsultes, acte de vente. Cette qualification ne peut lui être contestée ; cela sera prouvé plus tard. Bornons-nous aujourd'hui à constater un principe du droit public du pays, par une phrase insérée dans le contrat du consentement de toutes les parties qui y figurent, le roi par son procureur fondé, la communauté d'Elne par ses consuls et ses syndics ; cette phrase, la voici :

« Comme par le droit de coutume, et aussi par les styles « et les usages locaux, *les eaux publiques* appartiennent au « roi et sont sous sa protection spéciale, aucun n'a le droit « de se les approprier sans sa permission expresse et le con- « sentement de son souverain. »

En 1510, le roi Jayme inféoda au seigneur de Saint-Jean de Pagès toutes les eaux du Thec.

En voilà assez, lorsque à ces citations prises au hasard dans les registres de nos anciens titres nous pourrions ajouter cent autres citations pour prouver que nos anciens rois tenaient comme domaniales les trois rivières qui coulent dans le Roussillon, et disposaient en maîtres de leurs eaux.

Leur domanialité est encore prouvée par le régime administratif et de police auquel elles étaient soumises, par la juridiction spéciale de laquelle ressortaient toutes les contraventions, tous les délits dont elles étaient la cause ou l'objet.

Le prince rendait des ordonnances pour la direction de leurs eaux dans l'intérêt général : il nommait des magistrats spéciaux chargés de leur police ; il avait institué des juges particuliers pour juger toutes les causes qui se rattachaient aux droits acquis sur elles par des particuliers, aux droits de la couronne sur leurs eaux et sur leurs rives.

Nous trouvons, dès 1276, une ordonnance du roi Jayme, qui nomme deux procureurs royaux pour la direction des biens du domaine royal dans le Roussillon.

Le 21 mars 1312, le procureur du roi de Mayorque fit faire une publication portant défense à tous, si ce n'est à ceux de Rivesaltes, d'amener les eaux du ruisseau que le roi a fait construire pour l'arrosage des terres dudit lieu.

En 1377, Pierre III se plaint, dans une pragmatique, que son procureur royal laisse usurper les eaux des rivières et des fleuves du Roussillon pour l'usage des forges, des moulins, et il ordonne de sévir contre les usagers qui ne justifieraient pas de leurs titres, « nisi vos docuerint Teesin se « habere. »

En 1416, le roi Alphonse pourvut d'une commission de grand maître de ses eaux dans le Roussillon et dans la Cerdagne, pour leur administration et leur distribution, un nommé Mirallés.

En 1417, le même roi signe les lettres patentes suivantes.

« Comme dans le Roussillon il y a des fleuves et plusieurs « canaux qui nous appartiennent, *flumina* et *plurimi aquæ* « *discursus*, pour l'administration et la distribution de leurs « eaux, nous commettrons à leur direction le gouverneur

« de la province, le procureur royal et les consuls de Per-
« pignan. »

Une ordonnance de 1436 prescrit des réparations à faire
à la rivière de l'Agly, et enjoint aux habitants de Claira de
les exécuter sous peine d'une amende de 3,000 florins d'or.
Le 14 mars 1438 et le 28 juillet de la même année, le procureur général ou son lieutenant, et maître des eaux dans le
Roussillon, ordonnent aux habitants de Rivesaltes et de
Saint-Hippolyte de payer diverses sommes pour travaux faits
aux coupures de l'Agly.

On le voit, les rois de Mayorque et d'Aragon possédèrent
et régirent comme domaniales les rivières de la Tet, du Thec
et de l'Agly ; il en fut ainsi après eux pour les rois d'Espagne, lorsque, par le mariage de Ferdinand et d'Isabelle,
l'Aragon et les Castilles furent réunis pour former le royaume
des rois catholiques.

Sous les rois de France, c'est-à-dire lorsque le Roussillon
fut devenu par le traité des Pyrénées une province française,
que se passa-t-il ?

Par ce traité, le Roussillon fut uni et incorporé à la couronne de France, et suivant son article 43, « pour en jouir
« par le seigneur roi très-chrétien, avec les mêmes droits de
« souveraineté, propriété et régale, et les autres droits qui
« ont appartenu à S. M. Catholique, c'est-à-dire conformé-
« ment aux lois qui y étaient établies, et par lesquelles
« Louis XIV lui laissa le privilège d'être régi comme par le
« passé. »

Les rivières du Roussillon, domaniales sous les rois d'Aragon, de Mayorque et d'Espagne, restèrent donc telles sous
les rois de France, appelés et ayant consenti à succéder à tous
les droits de régale que ses anciens rois exerçaient sur cette
province, qui passait dès lors sous un autre sceptre, avec
toutes ses charges envers la couronne, comme avec tous ses
privilèges, toutes ses franchises et avec ses mêmes lois.

Cela est attesté par quelques ordonnances portant concessions des eaux du Thec et de la Tet ; par l'établissement, en

1759, d'un tribunal ou chambre du domaine connaissant en première instance, tant au civil qu'au criminel, de toutes les matières qui intéressaient le domaine royal, et dont les appels étaient portés devant le conseil souverain de la province. Ce tribunal, héritier des attributions de l'ancien juge du patrimoine royal et du procureur royal, était, comme eux, chargé de la conservation des droits du roi sur leurs eaux, et concourait à leurs concessions, à leurs inféodations; et l'un de nos derniers rois alla jusqu'à vouloir que sa juridiction s'étendît sur tous les cours d'eau de la province. Mais, après un long procès, un arrêt souverain de 1780, en déclarant que les petites rivières qui ne coulaient que dans les fiefs seigneuriaux appartenaient aux seigneurs, prononça implicitement que le Thec, la Thet et l'Agly étaient seuls du domaine royal.

Ainsi, là où l'on trouve des cours d'eau publics dont, depuis des siècles, les souverains ont seuls disposé, qui ont été dans tous les temps sous la surveillance des officiers de la couronne, sur lesquels les usagers n'ont pu agrandir leur jouissance qu'en remplaçant les titres qu'ils tenaient des anciens seigneurs par des titres émanés du souverain, des cours d'eau placés sous la juridiction de tribunaux spéciaux qui sur la dénonciation des officiers du domaine, sur l'instruction poursuivie par quelques-uns de leurs membres, jugent et prononcent des peines et des amendes à raison des contestations, des délits et des crimes qui ont pour principe ou pour théâtre, non pas tous les cours d'eau du pays, mais seulement ces cours d'eau; il faut dire, de toute nécessité, qu'ils font partie du domaine royal, et dès lors la domanialité des trois rivières du Roussillon, le Thec, la Tet et l'Agly, ne peut être contestée, car elle est pleinement prouvée.

Ce principe posé, il faut démontrer et mesurer toutes les conséquences qui en dérivent; ainsi l'exigent les plus graves intérêts des propriétaires arrosants de leurs eaux.

§ 2.

Le Thec, la Tet et l'Agly étant des rivières du domaine royal, il faut actuellement prouver que les concessions d'eaux dont ils furent l'objet furent faites par le souverain, sous l'empire des lois qui les autorisaient, et ont été valablement la matière des contrats en vertu desquels elles sont passées du domaine du roi dans la propriété du citoyen. La conclusion forcée de cette preuve sera que ces contrats sont aujourd'hui la loi de ceux qui ont succédé à celui qui obtint la concession et la loi de ceux qui ont succédé au concédant, comme ils furent, dès le jour du contrat, la loi des rois de Mayorque ou d'Aragon et celle de nos aïeux.

La royauté, pour se montrer à la fois avec le pouvoir qui fait sa force, et l'éclat et la dignité qui doivent entourer le trône, fut de tout temps dotée de droits de diverses natures.

Les uns, attachés à la suprême puissance, ne peuvent être exercés que par le souverain lui-même; tels sont, entre autres, les droits de donner des lois, de faire la paix ou la guerre, de rendre la justice, de faire grâce, de régler l'impôt. Ces droits appelés *régales majeures*, le souverain ne peut s'en séparer, les abdiquer sans cesser d'être roi; ils sont reconnus incommunicables, incessibles, et dès lors inaliénables et imprescriptibles.

Les autres, appelés *régales mineures*, créés pour la splendeur du trône et pour entourer le souverain de dignité, le rendaient le maître des revenus de l'État et des fruits du domaine royal. Ils n'étaient pas les attributs de la suprême puissance, ils n'en étaient que l'ornement; le souverain pouvait, en restant roi, s'en dessaisir, les transmettre : ils étaient aliénables et prescriptibles.

Le droit public des royaumes, dont le Roussillon fut une province depuis le xiiie siècle jusqu'à sa réunion à la France, les monuments judiciaires, la doctrine des auteurs attestent le droit qu'avait le roi d'aliéner les biens du domaine royal, et parmi ces biens était la *régale des eaux*.

Pour prouver la législation sur ce droit, faudra-t-il copier cette foule de lois qui, dans le code de la Catalogne, le premier code du Roussillon depuis le xive siècle jusqu'en 1789, proclament l'aliénabilité des biens du domaine, et les déclarent prescriptibles? Non, sans doute. Il suffira, pour les résumer, de citer ce qui se passa aux états (corts) de Barcelone, dans la session de 1599.

D'après une constitution de Pierre II, de l'année 1273, les seules lois nationales étaient, pour la Catalogne et le Roussillon, les constitutions proclamées par les corts, c'est-à-dire par l'assemblée de leurs députés; cette constitution s'exprime ainsi :

« Aucune constitution ou loi générale ne peut être faite
« par le roi seul, mais doit être consentie et approuvée par
« les barons, les prélats, les cavaliers et les citoyens de la
« Catalogne, dûment appelés, ou du moins par la majorité
« d'iceux. » *Const. de Cat.*, liv. I, titre xv.

Contrairement à cette loi fondamentale, le roi Alphonse V avait ordonné par une pragmatique que les choses aliénées du domaine royal seraient rachetables en tout temps; mais cette pragmatique, l'œuvre du roi seul et l'expression seulement d'une volonté royale, ne pouvait contredire et réformer les lois nationales. Les corts, qui se composaient en partie des députés du comté du Roussillon, protestèrent contre elle; l'ordre ecclésiastique et l'ordre de la noblesse se réunirent pour adresser au roi leur protestation en ces termes :

« Attendu que le sérénissime don Alphonse, par sa prag-
« matique du 8 mai 1447, pourvut et déclara que toutes
« choses aliénées du domaine royal,...., pourraient être en
« tout temps rachetées....., laquelle pragmatique est con-
« traire à tout droit....., partant, lesdits bras ecclésiasti-
« que et militaire vous supplient de la révoquer et annu-
« ler, en ordonnant qu'elle ne pourra être citée ni en juge-
« ment, ni hors jugement. »

A la suite de cette protestation, la main royale écrivit la déclaration suivante, qui n'est autre chose qu'une pragmatique réformatrice de celle dont l'annulation avait été sollicitée.

« Il plaît ainsi à Sa Majesté en ce qui la concerne, et que « la présente pragmatique soit valable jusqu'à la décision « des premiers états. »

Les corts, qui s'assemblaient tous les trois ans, la confirmèrent en 1501. en déclarant que les biens domaniaux aliénés et possédés par des particuliers ne pourraient jamais être rachetés. *Const. de C.*

Ainsi, rien de plus constant. L'aliénabilité des biens du domaine royal était consacrée par le droit public du royaume, dont le Roussillon fut si longtemps une province.

Quelques mots sur la doctrine des auteurs, par celle de Ripoll, savant magistrat, dont la vie passa sur un siége du tribunal du domaine de Barcelone; on lit dans son *Traité des régales :*

« Les régales majeures sont les perles de la couronne, qui indiquent que celui qui les exerce est roi, et qui ne peuvent appartenir à des inférieurs, parce qu'elles consistent dans la puissance.

« Les régales mineures consistent dans le droit de perce-« voir les fruits et les revenus des biens de la couronne.

« Il est de principe que les premiers sont inconcessibles, « dès lors imprescriptibles; que les autres sont cessibles, et, « dès lors, ils peuvent être acquis et prescrits, c'est là le « droit commun. »

Dans son chapitre v, note 60, parlant de la régale des eaux publiques, il enseigne qu'étant cessible, elle est prescriptible. « *Cum huc autem regalia sit concessibilis, ita est* « *prescriptibilis.* »

Si nous voulions autre chose qu'indiquer les sources où sont puisés, avec une fidélité scrupuleuse, tous les éléments de cette notice, nous pourrions transcrire les longues et savantes opinions d'Oliba, célèbre magistrat catalan, celles de Mières, Sococrat, Fontanella, Xammar, Vilaplana, Ramon, jurisconsultes profonds, et surtout celle du savant Cancerius, dont Merlin a fait si souvent l'éloge.

Assez pour prouver que l'ancien droit public de la Catalogne, écrit dans les lois nationales, attesté par la doctrine, autorisait l'aliénation par le souverain des biens domaniaux, parmi lesquels était la régale des eaux avec les autres régales mineures, et, dès lors, le faisait maître des eaux des fleuves et des rivières, tels que le Thec, la Tet et l'Agly ; il est donc incontestable que les titres en vertu desquels les rois d'Aragon et de Mayorque se sont dépouillés des droits qu'ils avaient sur leurs eaux et en investirent les auteurs de ceux qui les possèdent aujourd'hui sont valables et doivent être respectés. Mais, si ces titres n'existaient pas, ces possesseurs actuels n'en seraient pas moins usagers, disons mieux, propriétaires exclusifs de celles dont ils jouissent depuis plusieurs siècles par leurs auteurs en vertu de leur possession paisible et publique, et non pas seulement immémoriale, mais encore plusieurs fois séculaire.

Dumoulin, *consult.* 26, note 18, dit : « Une ancienne « possession n'est pas une prescription, mais un titre. »

Suivant Portugal, elle a la force d'une concession du prince.

Dans son traité *De don. reg.*, liv. IV, chap. xliv, il soutient savamment cette proposition, et Dunold enseigne après lui que la possession immémoriale est moins une prescription qu'un moyen d'acquérir par le droit des gens.

Vatel, liv. II, note 143, chap. xi, dans son livre des droits des gens, appelle cette possession un titre inexpugnable qui ne souffre aucune exception, et où en serait-on, ajoute-t-il, s'il était permis de révoquer en doute un droit reconnu par un temps immémorial ?

En matières d'eaux, nous lisons dans la loi romaine : « Les « prises d'eau se maintiennent, sur un fleuve public, par le « seul fait de la possession immémoriale, que les lois éga- « lent aux titres ; elle fait présumer non pas seulement

« l'autorisation du prince, mais encore le consentement des
« parties. « *Ductus aquæ, cujus origo memoriam excessit,*
« *jure constitui, loco habetur.* » Leg. III, § ιv, ff. *De aq.*
quat. et ust.; — leg. I, ult. §, ff. *De aq. pluv. arc.;* leg. XVII,
De servit. præd. et rust.

Dans le code de Catalogne, nous l'avons dit, premier droit
du Roussillon, jusqu'en 1789, puisque le droit canonique,
le droit romain et, plus tard, les ordonnances des rois de
France, après leur enregistrement par le conseil souverain
de la province, n'étaient que ses droits supplétifs, est écrite
cette loi :

« Quand quelqu'un aura possédé ou possédera d'hors en
« avant, l'espace de quatre-vingts ans, quelque chose qui a
« été du domaine royal, encore que sur cette chose il ne
« puisse montrer aucun titre ; voulons qu'il ne puisse, par
« nous ou par nos successeurs, être fait contre lui aucune
« demande, ni être autrement troublé dans sa possession ;
« voulons, au contraire, que ce laps de temps lui soit tenu
« pour titre légitime. » *Const. de Cat.,* liv. VII, tit. ιι,
2ᵉ année, 1481.

Ainsi, si. d'après les principes généraux du droit, la
possession est le meilleur des titres, *possessio optimus titulus;*
si, d'après la loi du pays, elle fut, jusqu'en 1660, un titre
qui avait donné aux arrosants, dans le Roussillon, la propriété des eaux, qu'ils avaient, depuis des siècles, amenées
dans leurs canaux ; après cette époque, de laquelle date sa
réunion à la France, ses lois anciennes, qui lui furent conservées, furent encore les lois qui continuèrent à protéger
les droits qu'ils avaient acquis sur les eaux de leur province ;
mais, à leur défaut, la loi française les aurait créées ; elle ne
fit que les confirmer.

Un édit de 1683, expliquant et confirmant l'article 41 de
l'ordonnance de 1669, porta :

« Comme les grands fleuves et les rivières navigables et
« flottables *appartiennent en toute propriété* aux *souverains*
« par le seul titre de leur souveraineté ; que personne ne

« peut y prétendre aucun droit, sans un titre exprès ou une
« possession légitime...; comme, par suite des remontrances
« qui nous auraient été faites, nous aurions bien voulu
« relâcher quelque chose des droits que nous y avons par
« le titre de notre couronne en faveur de ceux qui en
« jouissent paisiblement depuis plus de cent ans ;

« Confirmons en la possession et jouissance..... des mou-
« lins, et droits sur les rivières navigables et flottables dans
« l'étendue de notre royaume, pays, terres, seigneuries de
« notre obéissance, tous les propriétaires qui apporteront
« des titres faits avec nos prédécesseurs avant l'année 1566,
« c'est à savoir, contrats d'aliénations, inféodations, etc. »
Isambert, *L. fr.*, II, xviii, p. 291, — xix, 225.

S'il était possible de soutenir que depuis 1669 les rivières
du Roussillon ne peuvent être classées comme navigables et
flottables, et que, dès lors, les usagers de leurs eaux ne
pourraient invoquer cet édit comme confirmatif des titres
faits avec les rois prédécesseurs de Louis le Grand, les rois
d'Aragon et de Mayorque, ils n'en seraient pas moins usagers de ces mêmes eaux à dater de cette époque, en vertu
d'un autre édit de 1684 rapporté par Isambert, *L. fr.*,
tome XX, page 29, à l'exclusion de tous autres, puisque
cet édit que nous allons rapporter leur fait un titre de leur
possession :

« Le roi, considérant que, malgré les soins particuliers
« qu'avaient pris nos prédécesseurs pour empêcher les usur-
« pations sur les rivières non navigables qui passent par les
« justices de notre domaine, dont la direction et la police
« nous appartiennent, est un de nos principaux droits réga-
« liens....., ayant été informé que plusieurs communautés
« et particuliers ont saigné, arrêté, détourné les eaux des
« rivières non navigables....., lesquelles ils arrêtent et re-
« tiennent pour s'en servir pour l'arrosage dans l'étendue
« des terres dont la justice nous appartient sans avoir ob-
« tenu la permission....., ayant considéré que les amendes
« et sommes que nous pourrions prétendre contre leurs

« possesseurs diminueraient la valeur de leurs héritages ;

« Voulons et il nous plaît que toutes les communautés et
« particuliers qui ont dérivé les eaux des rivières... non na-
« vigables..., lesquelles ils arrêtent et retiennent pour l'ar-
« rosage... dans toute l'étendue des justices qui nous appar-
« tiennent..., soient tenus de fournir la déclaration de la
« quantité d'eau dont ils jouissent et du nombre des arpents
« qu'ils arrosent, sous peine de 500 livres d'amende ;

« Ordonnons qu'il sera arrêté des rôles dans lesquels
« lesdites communautés et particuliers seront taxés à raison
« de trois livres par arpent.

« Au moyen de quoi voulons qu'ils soient confirmés dans
« leurs droits et possessions sans qu'ils puissent être dépos-
« sédés pour quelle cause ou prétexte que ce soit. »

De ces deux édits il résulte évidemment 1° que les droits
acquis par les usagers sur les trois rivières du Roussillon,
rivières domaniales, tenues et régies comme navigables et
flottables, et résultant des titres faits avec leurs anciens
rois, furent confirmés, en 1683, par le roi de France ;
2° que, si les droits qu'ils invoquaient eussent résulté d'usurpations commises par leurs auteurs sur des cours d'eau non
navigables, non flottables, non domaniaux, mais coulant
dans une province dont la haute justice appartenait au roi (1),
ils auraient été confirmés, par l'édit de 1684, sous les conditions qu'il imposait aux arrosants.

Enfin la loi de ventôse an VII, dans son article 7, met
sous sa protection l'ancienne possession des eaux domaniales ; elle confirme, dans son art. 2, l'aliénation des biens
domaniaux consommée avant 1566 pour l'ancien territoire
français ; et pour ce qui concerne les pays réunis, elle veut,
dans son article 2, que les aliénations qui en furent faites
avant l'époque des réunions respectives soient réglées suivant
les lois alors en vigueur dans les pays réunis.

Ainsi droits publics, lois civiles, titres solennels, possession non pas seulement immémoriale, mais encore plusieurs

---

(1) La haute justice, dans le Roussillon, appartenait au roi.

fois séculaire, se réunissent pour légitimer et rendre inat-
taquables les droits sur les eaux des trois rivières du Roussillon, dont jouissent leurs usagers pour la mise en jeu de
leurs usines et pour l'arrosage de leurs terres ; ces eaux ont
été légalement aliénées à leurs auteurs par le souverain et
par eux légalement acquises par titre et par possession.

Ces droits, la justice les a toujours reconnus, elle les a
protégés. Sans s'occuper des nombreuses décisions conservées
dans les greffes de nos tribunaux, de notre cour souveraine,
et colligées par nos arrêtistes, nous les résumerons en citant
un arrêt de la cour royale de Montpellier de 183... contre
lequel a échoué un pourvoi en cassation.

Les propriétaires de la commune de Caramany, réunis en
association, riverains de l'Agly, avaient construit une prise
d'eau sur ses rives, et amené une partie de ses eaux dans un
canal pour l'arrosage de leur terres. Sur le procès à eux in-
tenté par les associations arrosantes de Rivesaltes, Claira et
et Eslague, la cour, confirmant un premier jugement du tribunal de première instance de Perpignan, a jugé que les
associations demanderesses étaient, en vertu de leurs titres
et de leur possession, usagères exclusives des eaux de l'Agly
pour l'arrosage de leurs terres, et condamné les défendeurs
à détruire la prise d'eau et les canaux par eux construits
sans droit et sans titres pour l'arrosage de leurs terres,
supérieurement aux prises d'eau des associations demanderesses, comme contraires aux droits, titres et possession de
celles-ci.

§ 3.

Nous avons vu qu'anciennement, dans les royaumes d'A-
ragon et de Mayorque, les fleuves, les grandes rivières,
eaux domaniales, étaient entièrement à la disposition du roi
régnant ; il pouvait les aliéner, ou pouvait acquérir sur elles
des droits de propriété par titres et par possession.

Ce droit public était, à cette époque, celui de beaucoup
d'États ; c'était celui de la France. Les biens dont se compo-

sait le petit domaine, parmi lesquels étaient les grands cours d'eau, pouvaient être aliénés par le roi ; mais, avec cette modification, ils y étaient à toujours rachetables : dans les royaumes de Mayorque et d'Aragon, ils ne pouvaient être forcément rachetés.

Il faut actuellement soumettre à une analyse sérieuse, à une discussion sévère les chartes, les actes authentiques en vertu desquels sont possédées, par des associations d'arrosants, par des communes, par des particuliers, des eaux autrefois domaniales, déterminer les caractères de ces titres écrits, afin de bien faire connaître les droits qu'ils donnent aux usagers des eaux, et mesurer l'influence qu'ils doivent exercer sur les concessions nouvelles que des tiers pourront solliciter et obtenir.

De la seule lecture de ces chartes, de ces actes il résulte d'abord qu'ils ne sont pas des témoignages précaires, et dès lors révocables, de la munificence de nos rois, qui n'auraient voulu qu'apporter momentanément quelque amélioration à quelques propriétés privées et privilégiées, qu'ajouter au bien-être de quelques familles, d'une association d'arrosants, d'une communauté d'habitants, sans aucune dépense pour eux, sans aucune charge.

Nos concessions d'eaux ne sont pas encore l'exécution d'une mesure par laquelle le pouvoir administratif suprême, n'ayant en vue que l'intérêt général, livre gratuitement à des tiers une matière inerte laissée dans ses mains avec le pouvoir d'en disposer en faveur d'une classe particulière de citoyens, d'individualités spéciales, pour qu'ils la mettent en œuvre, ou en mouvement, et la rendent utile à tous; elles ne portent aucun caractère du contrat de dépôt qui laisse le déposant maître de retirer des mains du dépositaire tout ou partie de l'objet déposé pour le placer en d'autres mains.

Nos titres de concessions d'eau, après leur étude et leur examen, sont des actes authentiques et solennels, consentis sous la garantie de la loi civile, qui consacrent la transmission à des particuliers d'un de ces biens domaniaux que la loi du pays avait faits aliénables par le souverain. Il sera facile de démontrer cette vérité en démontrant sa nature et le caractère de ces actes, et par leur esprit et par les stipulations qu'ils contiennent; ajoutons par les termes dont on s'est servi pour leur rédaction et par les garanties qui assurent leur exécution à toujours.

Après cette justification, il faudra dire que ces actes doivent trouver, dans un long passé, la certitude de leur durée dans le plus lointain avenir, à moins que le temps n'agisse sur les contrats légaux, continuellement et fidèlement exécutés, avec la même puissance que sur les contrats illégaux et toujours restés sans exécution.

Et d'abord, si on applique aux chartes royales acceptées, aux actes passés entre le souverain représenté par son procureur royal et les concessionnaires des eaux, cette maxime du droit romain, « *in contractibus potius voluntas contrahentium quam verba spectari solet,* » ce sont de véritables contrats translatifs de propriété qui ont été dans l'intention des parties.

Des propriétaires veulent acquérir des eaux pour arroser leurs terres; le souverain veut augmenter, directement ou indirectement, les revenus de son domaine en utilisant des eaux à toujours sans rapport, si elles continuent à couler dans leur lit, jusqu'à ce qu'elles aillent se perdre dans la mer.

Dès lors, convention par laquelle le prince, moyennant une somme d'argent quelquefois assez considérable pour ces temps pauvres et reculés, souvent remplacée par une rente annuelle et perpétuelle, aliène une partie des eaux domaniales dont la loi lui donne le droit de disposer; ensuite il stipule, comme condition du contrat, la construction de la prise d'eau, des digues, des canaux d'arrosage, leur entretien, leurs réparations et leurs reconstructions à toujours; et pourquoi? parce que la couronne échange des capitaux contre des non-valeurs, parce que de vastes territoires improductifs ou de peu de rapport, qu'il ne peut fortement imposer, fécondés par l'irrigation, permettront aux états de ses provinces d'offrir un plus large tribut aux besoins du trône : ainsi, d'une part, il ajoute des capitaux au trésor de l'État et, de l'autre, il augmente les revenus de la couronne.

D'autre part, le concessionnaire acquiert sur un cours d'eau domanial toutes les eaux nécessaires à la satisfaction des besoins de ses terres spécifiés dans la charte ou dans l'acte. Il s'oblige à payer la somme capitale exigée ou bien la redevance annuelle ; il se soumet aux charges que lui impose le concédant pour le présent et pour l'avenir ; et que sont ces capitaux, ces redevances, ces charges, sinon le prix de la concession ? et qu'est-ce qu'une concession à prix d'argent, si ce n'est une vente ?

Ce que nous posons en principe, nous allons le démontrer en fait par les chartes et actes qui créent un canal d'arrosage sur chacune de nos trois rivières, autrefois domaniales.

Au milieu de mille autres de ces monuments historiques, plusieurs chartes et actes relatifs au canal d'arrosage de Rivesaltes sont réunis dans le premier registre des pragmatiques et provisions royales de l'ancien patrimoine du roi, déposé dans les archives de Perpignan, pag. 17 et suiv.

Le roi avait concédé au camérier de la Grotte, seigneur d'Espira et de Pene, le droit de prendre les eaux de l'Agly, pour l'arrosage de leurs territoires, sous la condition que, après avoir été amenées à deux moulins que le concessionnaire devait bâtir pour le roi, sur le territoire d'Espira, elles seraient rendues à leurs cours.

Les habitants de Rivesaltes se réunirent au camérier de la Grotte, qui était aussi leur seigneur, et sollicitèrent le prolongement du canal d'Espira et de Pene pour l'arrosage de leur territoire.

Dans une charte du 6 des calendes de novembre 1312, insérée dans un acte authentique reçu par Barthès, notaire, écrit et signé de sa main, on lit :

« Et ladite concession de recevoir et conduire ladite eau,
« le seigneur roi l'a faite sous la condition que lesdits ha-
« bitants de Rivesaltes, et ledit camérier, feraient toute la
« dépense pour la *resclause* (la prise d'eau) à construire sur
« la rivière de l'Agly, et aussi contribueraient à toutes les
« dépenses à faire pour la construction des moulins sur le
« territoire d'Espira, pour le roi ou ses ayants cause ; les-
« quelles dépenses seraient supportées *pro rata possessio-*
« *num in dicta terra* de *Rivesaltes* ; et sous l'obligation,
« par les habitants, de moudre leurs grains dans lesdits
« moulins, en payant au roi ou à ses délégués, pour le prix
« de mouture, le seizième du blé qui sera moulu ;

« Et, de plus, que toutes les fois qu'il y aurait à faire
« quelques changements, constructions et réparations à la
« digue et au ruisseau, le seigneur roi devait signifier au
« baïlle et aux syndics de Rivesaltes qu'ils pourraient les
« faire à leurs frais, autrement le roi ou ses agents les fe-
« raient eux-mêmes et recouvreraient le montant des dé-
« penses desdits hommes de Rivesaltes. »

Le roi abdique le droit de suivre les eaux de l'Agly, dès
qu'elles seront entrées dans le canal particulier de Rivesaltes,
et d'en céder la moindre partie à qui que ce soit, au préjudice des hommes de Rivesaltes ayant la concession de ladite
eau.

L'acte finit par ces mots : « Et toutes ces choses furent
« rapportées au seigneur roi Sanche..., et ensuite concédées
« et confirmées par le procureur dudit roi, par le camérier
« et par les procureurs et syndics de Rivesaltes. »

D'après cet acte, personne qui ne doive convenir que l'é-
tablissement du canal de Rivesaltes fut l'exécution d'un contrat civil, d'un traité dans lequel le roi, le camérier, les
habitants stipulèrent des obligations réciproques fondées sur
la loi civile, et le contrat n'était-il pas un contrat d'achat et
de vente?

Le souverain s'oblige à fournir et à livrer la chose dont
il peut disposer, les eaux domaniales ; il transfère aux habi-

tants de Rivesaltes, et à toujours, les droits qu'il a sur elles;
il s'impose de ne pouvoir concéder à qui que ce soit l'eau
qu'ils amèneront, dans leur canal particulier, du canal commun qu'ils doivent contribuer à construire pour les territoires d'Espira et de Pene, et pour les moulins royaux, à
contribuer encore aux frais de la prise d'eau.

Les habitants s'obligent à payer l'eau qu'ils acquièrent
pour l'arrosage de leurs terres; et, si le prix n'en est pas
réellement compté en espèces d'argent au moment du contrat, c'est qu'il reste entre les mains des acquéreurs pour
satisfaire leur part contributive aux frais de la construction
de la prise d'eau commune, du canal supérieur et commun
et des moulins pour le roi; et, à raison du restant prix de
la vente qu'ils gardent dans leurs mains, ils payeront le
seizième de la valeur du grain qu'ils porteront sous les
meules des moulins du roi.

Des chartes postérieures démontreraient encore, s'il en
était besoin, le caractère que sa simple lecture donne à ce
contrat. Parcourons celle du 8 des calendes de janvier 1833.

Jacques rappelle que le roi son aïeul ordonna qu'une
digue serait établie sur le fleuve de l'Agly, et aussi un ruisseau pour l'arrosage des terres de Rivesaltes, aux conditions écrites dans un acte de 1312; c'est le premier dont
nous avons parlé. Il dit ensuite:

« Mais récemment des envoyés de ladite université nous
« ont prié d'accepter et d'approuver d'autres conditions;
« et nous, voulant complaire à ladite université, avons
« nommé des commissaires qui ont rédigé les articles sui-
« vants:

« Le roi se charge des réparations de la digue et du ruis-
« seau, moyennant la redevance d'un quart d'orge à payer
« pour la première ayminate (59 ares) de terre à arroser
« pour chaque habitant, propriétaire, et d'un demi-quart pour
« les autres ayminates.

« Il maintient pour les habitants l'obligation de moudre
« à ses moulins, moyennant la redevance comme par le passé.

« Lesquels articles nous ayant été soumis, nous les louons, approuvons et confirmons.

« Et ceci a été fait en la chambre du conseil de la cité du « roi de Mayorque. »

Cette charte établit un nouveau mode de payement du prix des eaux.

Poursuivons. Avant 1312, il n'y avait pas, il ne pouvait y avoir des moulins à eau sur le territoire de Rivesaltes; les eaux de l'Agly ne pouvaient y être amenées que par un canal de dérivation qui n'existait pas encore. Aussi l'obligation de porter leurs grains aux moulins royaux, qui devaient être construits sur le territoire d'Espira , fut-elle imposée aux habitants par le roi ; mais, plus tard, des moulins royaux furent construits aux environs de Rivesaltes et sur son canal particulier d'arrosage, et nous trouverons exécutée sur un de ces moulins l'obligation que ses habitants s'étaient imposée de porter leurs grains aux moulins d'Espira. Lisons une charte de 1368.

« Nous, Pierre, roi d'Aragon, qui avons donné à Guil-
« laume d'Estanho, conseiller en notre cour, les moulins
« de Rivesaltes qu'il tient de nous en fief ; *notre utilité con-*
« *sidérée*, consentons les conventions faites entre lui et nos
« fidèles consuls et habitants de Rivesaltes, conventions qui
« sont celles-ci :

« Je vous remets et relaxe de l'obligation de moudre vos
« grains aux moulins inféodés, et j'accorde ladite libération
« aux hommes de Rivesaltes, moyennant 3,000 sols barce-
« lonais ;

« Et nous, consuls de ladite ville, acceptons ladite libé-
« ration moyennant le prix susdit. Approuvons, etc. »

Ainsi, quant à l'établissement du canal d'arrosage de Ri-
vesaltes , il résulte , de l'acte de 1312 , qu'il contient une convention par laquelle le roi transfère aux habitants de cette localité, en toute propriété, une certaine quantité d'eaux domaniales pour l'arrosage de leurs terres, et par laquelle ceux-ci acquièrent et acceptent ladite eau moyennant

un prix convenu et représenté par les sommes qu'ils s'obligent à fournir, soit pour la construction de la prise d'eau, du canal commun et des moulins du roi, soit pour les charges que leur imposaient l'entretien, les réparations, les reconstructions des ouvrages d'art sur l'Agly et sur le canal commun, supérieur à celui qui leur était particulier.

Les chartes et actes postérieurs confirment de plus en plus cette convention, par les changements qu'ils apportent dans le payement du prix de la concession, dont le mode est établi sur d'autres bases. Pour l'acquittement de ce prix, qui n'est autre que celui pour lequel le prince a aliéné ses eaux domaniales, les habitants ne seront plus chargés de concourir aux frais d'entretien, de réparations, de reconstruction du canal commun, en payant une redevance en grains pour chaque ayminate de terre mise à l'arrosage ; enfin ils se libèrent de l'obligation perpétuelle de moudre dans les moulins du roi, par une somme une fois payée de 3,000 sols barcelonais.

Cette convention, ce contrat ont été de tous les temps exécutés par les propriétaires des moulins qui furent du roi, et par les habitants de Rivesaltes. Sans contribuer aux charges et aux frais que commande l'existence du canal jadis commun, et qui sert les territoires d'Espira et de Peyre et les moulins du roi, l'existence de leur canal particulier, ces habitants payent aux propriétaires des moulins une redevance en grain ou en argent calculée sur l'étendue des terres qu'ils arrosent, comme leurs aïeux la payaient aux rois dont il porte droit ; et, lorsqu'ils ont voulu soutenir que les nouvelles lois l'avaient comprise dans les redevances abrogées comme féodales, un arrêt de la cour royale de Montpellier, du 22 mai 1818, leur a appris à grands frais qu'ils n'étaient pas fondés dans leurs prétentions. La cour n'a trouvé, dans les chartes et actes que nous avons cités, qu'un traité entre le souverain et des particuliers, par lequel ceux-ci avaient acquis les eaux nécessaires à l'irrigation de leurs terres, et le roi avait amélioré son domaine et ses finances ; que rien

de féodal n'infectait ce traité, et elle jugea que, ne contenant que des conventions, des obligations civiles, il devait
rester la loi des parties.

§ 4.

Au milieu des chartes si nombreuses de nos anciens rois,
portant concessions d'eaux sur les rivières du Roussillon, il
serait bien extraordinaire qu'il ne pût être établi en fait, par
quelqu'une d'entre elles, ce que nous voulons établir en
droit, et qu'il fût impossible de démontrer matériellement
ce qu'était une charte qui concédait simplement l'usage des
eaux, ce qu'était une charte, un acte consacrant leur aliénation.

Les titres de la ville de Perpignan rendront cette démonstration complète : ils nous montreront des eaux domaniales
grevées, en faveur de cette ville, de simples droits d'usage ;
d'autres eaux domaniales qui lui ont été vendues à prix d'argent et qui sont devenues la propriété privée dès le moment,
que son titre a existé.

Avant le xiv. siècle, le donjon de la citadelle de Perpignan était un des palais des rois de Mayorque, que souvent
ils habitaient ; ce palais était entouré de jardins, de vergers,
de prés, et, pour leur arrosage, les eaux du ruisseau royal de
Thuir, qui avait sa prise d'eau sur la Tet, y étaient amenées
au moyen d'une machine hydraulique appelée *noria*.

Le 5 novembre 1341, Jayme II accorda à la ville de Perpignan un quart de meule de cette eau à prendre au-dessus
de la machine hydraulique, construite pour les élever jusqu'aux terres, dépendances du palais, et un quart de meule
à prendre au-dessous de cette machine.

« Adeoque vestræ hæreat utilitati, villamque prædictam
« habeat decorem... volentes operam dare vobis ex certa
« scientia donamus et concedimus in perpetuum... quod de
« aqua rechi nostri, vocati de Thoirio, possitis recipere in

« quocumque loco ipsius rechi, volueritis, super, seu ante
« artificium constructum in ipso recho, *Nora* vulgariter
« vocatum, quantumcumque ingredi poterit, per medieta-
« tem unius foraminis... et post tamen artificium dictæ
« *Noræ* recipere quantumcumque ingredi poterit continue
« per medietatem unius foraminis similis supra dicto ; ipsas-
« que aquas volentes immittere intus villam Perpiniani, et
« ducere per quascumque partes volueritis ejusdem villæ
« sicut magis vobis valere, videbitur, faciendum ; et volen-
« tes libertatem majorem in vos extendere, quidquid et
« quantumcumque debebatis nobis, ratione immittendi dic-
« tam aquam in dicta villa, donandum et remittendum,
« ducimus. » *Arch. de Perpignan*, livre vert majeur.

Le roi, pour l'utilité et l'embellissement de la ville, concède aux habitants un quart de meule d'eau de son ruisseau
royal de Thuir, à prendre au-dessus de la machine hydraulique, construite pour élever ses eaux jusqu'aux terres de son
château, et un autre quart de meule à prendre au-dessous.
Cette eau pourra être conduite dans la ville, et là où les habitants la jugeront la plus utile ou plus convenable, et, pour
plus grande faveur, le roi leur fait entière remise de tout ce
qui leur est dû, à raison de cette concession.

Voilà donc un titre qui, laissant au concédant tous ses
droits de propriété sur son cours d'eau, le ruisseau de Thuir,
ne concède à la ville que de simples droits d'usage sur une
partie de ses eaux : c'est un acte de la munificence du souverain ; il n'a pour but que l'utilité publique. Mais cet acte
n'en conférera pas moins aux usagers des droits que le roi
devra respecter à toujours. Aussi, quand un de ses successeurs traitera en 1400 avec les consuls de Thuir de la reconstruction de son ruisseau royal, il ne manquera pas, après
avoir pourvu au service des moulins de Thuir, de stipuler
dans l'art. 2 de son traité, « il y aura toujours dans notre
« *Nora* du château de Perpignan plus d'une meule d'eau
« qui lui est nécessaire, d'après les dispositions d'un de nos
« prédécesseurs ; et cela ne veut-il pas dire que, si une

« moindre quantité d'eau suffisait pour les besoins du châ-
« teau, la concession de la demi-meule faite à la ville lui
« rend nécessaire la meule qu'il se réserve, afin qu'il puisse
« pourvoir d'eau la ville et le château ? »

Cependant le xv° siècle amène de grands changements
dans l'état physique du pays, des inondations immenses et
successives dévastent la vallée de la Tet. Le canal de Thuir,
que l'on sentait déjà en 1400 le besoin de reconstruire, est
entièrement détruit par des pluies diluviennes, et par la rivière chassée plusieurs fois de son lit, depuis 1400 jusqu'en
1415, et le nouveau ruisseau n'était qu'en projet, et la ville
de Perpignan était sans eau comme le château de ses rois.

En 1423, le roi proposa ou adopta la construction d'un
ruisseau particulier pour la ville de Perpignan. La propriété
en appartiendra au roi, la ville n'en sera qu'usagère. Voici
les principales clauses du traité entre le roi et les consuls :

1° Le ruisseau sera ruisseau royal; sa prise d'eau sera au-
dessus d'Ille.

2° Le roi accorde l'eau pour six moulins à Perpignan.

3° Il sera permis aux arrosants de prendre l'eau pour l'arrosage, sans avoir la permission d'aucun officier du roi, le
jour, la nuit, sous l'obligation de fermer leurs prises d'eau
particulières dès qu'ils auront arrosé.

8° Le roi entretient à ses frais les eaux dans toutes ses parties, sans pouvoir rien exiger de la ville ou de ses arrosants,
puisque tous contribuent à sa confection.

9° Le roi aura son réguier, la ville aura le sien ; mais
il prêtera serment, et il devra se conduire comme le réguier
du roi.

10° La demi-meule, concédée à la ville sur le ruisseau
de Thuir, sera doublée pour le service de ses fontaines et
de ses abreuvoirs publics.

11° Défenses sont faites de faire des plantations sur les
francs-bords du nouveau ruisseau.

12° Pierre de taille à poser pour conserver le niveau des
prises d'eau.

13° Amendes contre ceux qui traverseraient le ruisseau avec des bestiaux.

14° Défense de faire des barrages.

15° Le roi recevra de la ville, pour la construction du nouveau ruisseau, 2,000 florins d'or ; il pourvoira, à ses frais, à l'excédant des dépenses.

16° Mesures prises pour le bon emploi des fonds et la bonne construction du ruisseau.

17° Les frais de l'homologation du traité sont à la charge du roi.

Ce titre n'est qu'un traité entre le roi et la ville de Perpignan, par lequel le roi s'oblige à construire un canal d'arrosage, et la ville acquiert le droit d'user des eaux. Le roi sera propriétaire de son lit, de ses eaux, de ses francs-bords ; la ville achète 2,000 florins d'or le droit d'y prendre les eaux pour l'arrosage de son territoire.

Il est évident qu'avec ce seul titre, qui ne confère à la ville que des droits d'usage sur le nouveau ruisseau pour le service de six moulins, pour l'arrosage de ses terres, elle ne peut s'en prétendre propriétaire ; mais cette qualité ne pourra lui être contestée après que des titres postérieurs, dont nous allons parler, seront connus.

Les circonstances politiques furent très-graves dans le Roussillon, presque pendant tout le cours du xve siècle ; de longues guerres entre les rois de Mayorque et les rois d'Aragon, entre les rois d'Aragon et les rois de France, sont l'histoire d'un grand nombre de ses années. Le Roussillon fut plusieurs fois dévasté ; Perpignan subit un premier siége en 1472, un second en 1475 ; le pays était, depuis le 12 avril 1462, engagé par Jean II à Louis XI ; en 1483, il passa, au même titre, dans les mains de Charles VIII, successeur de Louis XI, qui le garda jusqu'en janvier 1493, époque à laquelle il en fit la rétrocession à Ferdinand V, roi d'Espagne.

Le ruisseau de Perpignan n'était plus qu'une ruine. La ville, le territoire étaient sans eau ; elle ne recueillait aucune utilité des sacrifices qu'elle avait faits pour sa salubrité, pour l'arrosage de ses terres. Les consuls s'adressèrent à Charles VIII, son souverain temporaire, et lui demandèrent, sans doute, l'exécution des obligations que s'était imposées le roi qu'il représentait, celui dont il avait accepté le sceptre, avec ses bénéfices et ses charges; et parmi ces charges étaient les obligations qu'il avait contractées envers la ville, dans le traité de 1423, en retour des 2,000 florins qu'il avait reçus.

Charles répondit par un acte de son autorité royale, que nous allons transcrire, et que l'administration consulaire fut forcée d'accepter.

« Considérant que le canal qui avait été établi pour
« arroser, dans une étendue de 4 ou 5 lieues, plusieurs
« terres de ce pays, pour le jeu de cinq à six moulins
« à Perpignan, pour nettoyer et purger cette ville des im-
« mondices, *avait été totalement* ruiné à raison des guerres,
« et que l'eau n'y coulait plus;

« Considérant encore que la dépense à faire par le do-
« maine royal serait très-considérable, et que les revenus
« de l'eau et des moulins ne pourraient même pourvoir à
« son entretien;

« Concédons et transportons, à perpétuité et au profit du
« corps de ville de Perpignan, lesdits moulins, ruisseau et
« canal entièrement; ensemble tout le profit et émoluments
« que, depuis sa prise d'eau sur la rivière de la Tet jusqu'à
« l'extrémité d'iceux, nos prédécesseurs avaient coutume
« d'en retirer, et tels autres que nous en retirons à présent
« et pourrions en retirer à l'avenir....., pour d'iceux jouir
« en toute propriété, comme de chose propre....., et sans
« que nous nous réservions la justice et la jurisdiction des
« choses dépendantes dudit canal; et ce moyennant un
« cens annuel de 10 livres, monnaie de France, et sous
« l'obligation de rétablir lesdits moulins et ruisseau. »

Ferdinand V rentre en possession du Roussillon. Que fit-il devant un acte qui aliénait un bien faisant partie du

domaine de la couronne *entièrement*, pour en jouir l'ac-
quéreur comme de chose propre, avec tous les émoluments
qui y étaient attachés, sans réserve même de la juridiction
et de la justice? Il le confirma par deux chartes, l'une
de 1504, l'autre de 1510.

« Animadvertentes christianissimum Francorum re-
« gem....., dum villa nostra Perpiniani sub ejus dominio
« erat....., dictæ villæ constituisse consulibus et universi-
« tati dictæ villæ....., in perpetuum rechum, sive *lo rech*
« *de las canals,* cum omnibus juribus et præementiis suis...,
« cum facultate construendi in dicto recho, molendina...,
« sicque dicti rechi et molendinorum utilitas totaliter dictæ
« villæ applicaretur.

« Laudamus, confirmamus. » Liv. vert maj. P.....

Les titres de 1341, de 1423, en regard du titre émané de
Charles VIII en 1488, des chartes de Ferdinand de 1504
et 1510, suffisent pour établir combien les actes qui ne
confèrent que des droits d'usage sur les eaux domaniales
diffèrent des actes qui transfèrent des droits de propriété
exclusive sur ces mêmes eaux : dans les premiers, de simples droits d'usage, cédés et acceptés, résultent uniquement
de leur esprit, de leurs termes, de leurs stipulations; dans
les seconds, l'intention d'aliéner ces eaux, et de les acquérir
à titre incommutable, ne peut être raisonnablement contestée.

Faudra-t-il encore, pour en finir, démontrer le caractère
de contrat d'aliénation que les souverains imprimaient à
leurs actes de concessions d'eaux dans le Roussillon, en di-
sant que, comme en toute autre matière civile, ils étaient
consacrés par le serment que prêtaient, sur les saints Évan-
giles, toutes les parties qui y figuraient, le souverain et le
concessionnaire, d'en observer à toujours les conditions?
Non; il faut rapporter une des garanties légales qui assu-
raient leur exécution.

Le donateur qui donne, le souverain qui concède à titre
gratuit et comme simple administrateur, ne doivent aucune

garantie au donataire, à celui qui ne reçoit qu'un bienfait. Eh bien, parmi les nombreuses chartes qui contiennent la même stipulation, ouvrons la charte d'Elne, de 1392, que nous avons déjà citée.

Après la quittance des 200 livres boulonnaises, qui sont le prix de la concession faite par le procureur royal, au nom du roi, des eaux du Thee, on lit :

« Cependant, d'après le pacte fait par nous dits consuls,
« au nom de l'université d'Elne, et moi, procureur royal,
« au nom dudit seigneur roi, dans le présent accord, com-
« position et règlements, je promets, audit nom, à ladite
« communauté et particuliers d'icelle, que notre seigneur
« roi et ses successeurs feront par moi, audit nom, *tenir et*
« *valoir sans fraude et à perpétuité les choses* concédées et
« possédées *en bonne foi* par toute personne *perpétuellement;*
« et jouir et user d'icelles selon la forme et teneur de ce
« qui a été exprimé....., et en cas d'éviction ou autrement
« pour les choses susdites, ou par faute d'observation ou
« d'accomplissement desdites choses, à cet effet, *j'oblige*,
« au nom dudit roi, à ladite communauté et particuliers
« d'icelle, et à vous dits consuls, audit nom, tous les biens
« en général et en particulier, et les droits du seigneur
« roi, présents et futurs. »

Tirons de cette clause une observation en droit pour achever la démonstration que les actes de concession d'eaux ne sont pas, dans le Roussillon, des actes à titre gratuit, des actes purement d'administration qui, en réglementant une matière d'intérêt général, en ont laissé, dans un but d'utilité publique, l'usage à des particuliers. La garantie, en cas d'éviction, promise par le concédant, qu'on trouve écrite dans les titres du Roussillonnais sur les eaux des rivières de son pays, prouve à elle seule que ce sont des contrats à titre onéreux et translatifs de propriété ; car qui ne sait que la garantie, en cas d'éviction, ne peut être exer-cée qu'à raison d'une chose dont la possession nous a été as-surée par un contrat de vente, d'échange ou de partage ?

Disons donc que, puisqu'on trouve, dans ces actes de concession d'eaux, toutes les mesures de sûreté que l'on ne trouve
que dans les contrats que nous avons énumérés pour en as-
surer l'exécution, ces actes ne sont que des actes à titre
onéreux, qui ont fait des eaux domaniales une propriété
privée; et, dès lors, ils ont créé des droits dont le possesseur
peut bien se dessaisir, mais dont il ne peut être dépouillé aujourd'hui même par la nullité de son titre, ou par le vice de
sa possession dans leur origine.

De ce que nous avons dit jusqu'ici, il résulte

1° Que les trois grands cours d'eau publics du Roussillon, le Tech, la Tet et l'Agly, étaient autrefois domaniaux,
et ont été régis comme tels jusqu'en 1789;

2° Que les biens domaniaux de cette nature, appelés régales mineures, étaient, dans le Roussillon, aliénables et
prescriptibles, d'après le droit public des royaumes dont il
fut une province;

3° Que les chartes royales accordées, acceptées, et ensuite
exécutées par les souverains, par des particuliers, par des
communes, par des associations d'arrosants, les actes passés
entre le procureur royal stipulant pour le roi, et ces communes, ces associations, ces particuliers, constituent des contrats légaux qui ont transmis la propriété de certains biens
domaniaux aliénables par le souverain à des personnes, à
des corps d'habitants habiles à les acquérir;

4° Que ces contrats sont aujourd'hui aussi puissants que
le jour où ils furent consentis, comme le seront, dans le
plus lointain avenir, les actes qui consacrent aujourd'hui
l'aliénation des forêts de l'État faites en vertu d'une loi,
l'œuvre des trois pouvoirs, dont notre régime constitution-
nel rend le concours nécessaire. Le droit d'aliéner les biens
du domaine royal appartenait aux rois de Mayorque et d'A-
ragon, nous ne disons pas en vertu de leur suprême puissance, mais nous disons en vertu des lois nationales qui
avaient fondé le droit public de leurs royaumes, et qui n'é-
taient que l'œuvre de leurs états généraux.

§ 5.

1° Quelles sont les conséquences légales des titres ou des contrats en vertu desquels les arrosants possèdent, dans le Roussillon, les eaux de ses rivières?

2° Quels sont les droits que donnent, les obligations qu'imposent ces titres, ces contrats, aux pouvoirs successeurs des pouvoirs qui concédèrent ces eaux, à ceux qui sont aujourd'hui les représentants ou les ayants cause des premiers concessionnaires?

3° Sur quels antécédents doivent être édifiées les nouvelles lois sur les irrigations pour protéger à la fois les progrès de l'agriculture stationnaire, quand progressent tant d'autres industries et les droits acquis aux anciens usagers?

N°ˢ 1 et 2. Quels que soient les actes en vertu desquels les eaux sont possédées aujourd'hui par leurs usagers, la bonne foi et la légalité en furent les bases; dès lors, d'après les principes de l'équité et les lois de la justice, les droits et les obligations des parties qui les consentirent doivent rester les mêmes que ces actes les ont constitués. Les nouvelles lois elles-mêmes ne peuvent en attaquer la forme et la substance; elles ne pourraient encore moins en détruire, en modifier les dispositions, en annihiler les effets; la loi ne rétroagit pas, elle ne règle que l'avenir; le passé n'appartient qu'à la loi qui l'a régi.

Ainsi, si les concessions d'eaux n'étaient établies que sur des actes de la libéralité du souverain et, dès lors, des actes à titre gratuit, et, si le pouvoir gouvernemental de nos jours voulait, en vertu d'une législation nouvelle, rentrer dans tout ou partie des eaux données il y a des siècles, les concessionnaires se défendraient facilement; ils soutiendraient qu'une donation faite autrefois dans la limite de la loi en vigueur, constatée par un acte authentique et acceptée, a saisi irrévocablement le donataire et dépouillé le donateur depuis le moment que le contrat a été signé. Ainsi des eaux données et acceptées ne pourraient plus rentrer dans le domaine royal ou de l'État; elles seraient déclarées être la propriété des concessionnaires.

Si les concessionnaires ne sont devenus usagers des eaux que par un titre onéreux, si ce titre se présente avec tous les caractères d'un contrat synallagmatique translatif de propriétés ou créant des droits exclusifs d'usage, ayant une cause licite, fondée sur un objet certain; si on ne peut élever contre lui ni le défaut de consentement des parties, ni leur incapacité, il est pour tous ceux qui y ont concouru une loi à laquelle ils ne peuvent se soustraire, et qui pose à toujours la limite de leurs droits et de leurs obligations; c'est la première conséquence légale qui dérive de leur contrat, contrat d'achat et de vente.

Si cette loi, qui a imposé à une partie de livrer une chose, l'autorise à ne livrer que ce qu'elle a promis, en matière d'eaux, en donnant au concédant le droit d'exiger le prix de la concession, elle crée pour le concessionnaire le droit incontestable, le droit d'exiger de lui toutes les eaux qu'il s'est obligé de lui fournir, nécessaires à la satisfaction des besoins mesurés et spécifiés dans l'acte; de là il suit qu'il ne peut faire de nouvelles concessions avant qu'il n'ait rempli ses obligations envers les premiers avec qui il a traité.

Cette conséquence de leurs titres était, pour les premiers concessionnaires, d'une trop grande importance, puisque, pour l'obtenir, ils auraient été forcés de lutter peut-être contre le pouvoir souverain lui-même, et peut-être encore exposés à succomber dans leur lutte de toute justice, pour qu'elle échappât aux prévisions du législateur; aussi le code romain, si justement appelé le code de la raison écrite, pose d'abord en principe, dans la loi 42, ff. *De aq. quat. et ust.*, qu'au prince seul appartient le droit de concéder les eaux publiques : « *A principe conceditur, nulli alii competet jus aquæ* « *dandæ.* » Mais cette autre loi, la loi 17, ff. *De serv. præd.*

rust., dit : « *Imperatores rescripserunt aquam de flumine pu-*
« *blico, pro modo possessionum, ad irrigandos agros, dividi*
« *oportere;* » mais elle ajoute : « *Nisi quis plus juris sibi da-*
tum ostenderit. »

Ainsi au prince seul le droit de concéder les eaux publiques qui doivent être partagées entre ceux qui veulent arroser leurs propriétés ; mais dans quelles limites ? quand quelqu'un ne produira pas sur elles des droits privés plus
étendus.

Ce principe fut adopté dans toute sa sagesse, dans toute
sa justice par le droit public qui régissait l'ancien Roussillon. Le partage de ses eaux était presque consommé entre
tous les arrosants dans le xive siècle ; disons mieux, le roi
avait aliéné toutes les eaux du domaine royal qui pouvaient
servir un arrosage permanent dans toutes les saisons. A
cette époque existaient déjà tous ces grands canaux d'arrosage qui existent aujourd'hui : quelques-uns d'entre eux,
étendus sur un espace de plus de 20 kilomètres, portent,
comme dans leurs premiers jours, par leurs grandes artères,
les eaux dans de vastes territoires, tandis que leurs veines
sans nombre circulent sur chacune des propriétés dont ils
se composent ; mais, si une foule de chartes attestent l'empressement avec lequel le prince protégea, dans les premiers
temps, ces grandes et utiles créations, d'autres charges postérieures, moins larges et plus rares, attestent avec quelle
sollicitude il veillait sur l'existence, sur l'avenir des canaux
établis, et son respect pour les droits acquis sur les eaux par
les premiers concessionnaires.

Déjà en 1392, nous lisons dans la charte d'Elne que la
concession n'est faite que sous la réserve des droits des
tiers ; et déjà avant elle aucune n'était accordée qu'après
une instruction publique et solennelle, les plus sérieuses
opérations, les investigations les plus minutieuses, l'intervention des officiers du domaine, et la décision de ses magistrats.

Dans le xve siècle, et jusqu'à la réunion du Roussillon à

la France, nous ne trouvons plus que quelques concessions qui ne sont que le complément des anciennes pour l'agrandissement de l'arrosage qu'elles avaient créé, ou pour son établissement sur quelques chétives localités; les autres nombreuses qui datent de cette époque ne portent plus sur les rivières elles-mêmes, mais sur les eaux qui avaient été amenées dans les canaux qui avaient été royaux, aliénés par le prince, mais sur lesquels il s'était réservé des droits, ou sur les canaux qui appartenaient encore au souverain, et suivant que ces canaux étaient restés propriétés royales, ou étaient devenus des propriétés communales, c'était le roi ou les consuls des villes qui faisaient les concessions, mais dans toutes les droits des tiers étaient réservés.

Si, après des concessions larges et nombreuses, les rois d'Aragon, les rois d'Espagne ne font plus que des concessions rares et insignifiantes, malgré que l'irrigation pût encore être étendue sur de vastes territoires; si des communes, parmi lesquelles il faut citer Elne, après avoir acheté des eaux pour l'arrosage de toutes leurs terres, se bornent à n'en arroser qu'une partie; si, plus tard, le seul grand canal que les rois de France eussent autorisé est resté sans exécution jusqu'à ce jour depuis 1778, que faut-il dire? Il avait été reconnu par les anciens rois que les rivières du Roussillon, torrents impétueux de quelques jours après les grandes pluies de l'hiver, roulant dans les saisons tièdes un volume d'eau peu considérable, et presque à sec après les chaleurs de la canicule et dans l'arrière-saison, ne pouvaient fournir régulièrement à de nouvelles dérivations sans atteindre les besoins et permuter les droits des premiers concessionnaires. Le dernier d'entre eux s'arrêta devant la crainte qu'après avoir fait de grandes dépenses, des arrêts de justice ne vinssent lui apprendre que l'exploitation de ses nouveaux droits ne pouvait se concilier avec celle des droits acquis; que la concession cette fois administrative du prince ne tombât devant la loi civile, qui n'aurait pas été vainement invoquée par les anciens possesseurs des eaux, et qui ne leur aurait pas failli.

Une autre conséquence du contrat intervenu entre le concédant et le concessionnaire des eaux, est que le concédant ne pourra faire de nouvelles concessions sans le consentement des premiers avec qui il a contracté, et à leurs dépens; que ceux-ci auront le droit de s'opposer à toute innovation qui pourrait changer la hauteur des eaux et porter atteinte à leurs droits. La loi romaine l'a dit : « In concedendo jure aquæ ducendæ..., eorum ad quos usus hujus aquæ pertinet, voluntas exquiritur; nec immerito cum enim minuitur jus eorum. » L. 17, ff. *De serv. præd. rust.*

En effet, le lit, les bords du cours d'eau sont grevés, en faveur des propriétés des usagers, d'un droit de servitude d'aqueduc. Dans les eaux qu'il roule, sont mêlées et confondues celles qui appartiennent à d'autres usagers, les leurs, celles qui sont restées ou peuvent être restées disponibles entre les mains du pouvoir qui a le droit de les concéder; il y a donc sur cette masse d'eau communauté, indivision. Dès lors, tant que les usagers, librement ou contraints, n'ont pas reconnu que ce cours porte une quantité d'eau suffisante à la satisfaction des anciens droits et des nouveaux besoins, le pouvoir ne peut faire sur lui de nouvelles concessions. Cours d'eau contenant des eaux communes, indivises; nul communier ne peut rien innover sur lui. Seul et sans le consentement des actes communiers : « Socius, in re communi, invito socio, nihil facere potest. »

Dans les dernières pages de cette notice, nous indiquerons les conséquences de ce principe sur le régime administratif des eaux, et l'influence qu'il doit exercer sur l'instruction des demandes en concessions nouvelles.

Enfin, si les titres des usagers constituent des droits de propriété privée, une conséquence de leur contrat civil sera la dévolution aux tribunaux, qui seuls peuvent connaître de toutes les questions touchant à l'exercice de ces droits, et qui s'élèveront entre eux et leurs co-usagers, entre eux et le pouvoir concédant lui-même, et qui, dérivant d'un contrat civil, doivent être jugées par la loi civile dont les grands pouvoirs, comme les simples citoyens sont justiciables.

Ainsi, les conséquences légales des titres en vertu desquels les usagers sont en possession des eaux dans le Roussillon, pour la mise en jeu de leurs usines, pour l'arrosage de leurs terres, sont les suivantes :

Ces titres, non pas simples décisions, simples actes du pouvoir administratif, mais bien contrats civils, entre le prince habile à transmettre des droits de propriété privée et des corps, des individus habiles à les acquérir, stipulant des bénéfices et des charges pour chacun des contractants, sont la loi de tous ceux qui en sont partie par leurs auteurs ou par le pouvoir auquel ils ont succédé.

Pour le concédant, obligation de renoncer à tout ce qu'il a concédé, droit d'exiger de l'usager l'exécution des conditions sous lesquelles la concession fut faite ; droit encore de disposer des eaux qui lui restent, après la satisfaction des droits des premiers concessionnaires.

Pour les usagers, jouissance paisible des eaux qui leur ont été concédées à titre onéreux ; droit de s'opposer à toute innovation sur le cours d'eau, siége de leurs droits, et qui leur serait dommageable ; obligation de subir toutes les charges, d'exécuter toutes les conditions sous lesquelles la concession a été faite ; droit de porter devant les tribunaux civils toutes les questions qui se rattachent à leurs droits de propriété ou d'usage.

N° 3. Sur quels antécédents doivent être édifiées les nouvelles lois sur les irrigations ?

Les eaux, une des choses sur lesquelles peuvent être fondés des droits de propriété, sont, depuis de longs siècles, régies par des lois civiles qui, basées sur les principes éternels de la raison et de la justice, sont passées des codes des anciens peuples dans les codes des nations modernes.

Les eaux, comme objet d'utilité générale, ont exigé des lois administratives, et ont été placées sous leur surveillance dans l'intérêt de tous ; mais ces lois, trop souvent commandées par les circonstances, modifiées sur l'époque de la vie d'une nation et les besoins accidentels des grandes sociétés, trop souvent encore calculées sur la hauteur à laquelle le pouvoir administratif veut s'élever, et sur l'influence qu'il veut exercer sur le pays, n'ont pu, dans tous les temps, rester les mêmes.

C'est dans ces lois de diverses natures qu'il faut chercher les antécédents qui doivent servir à la confection des nouvelles lois que réclament les eaux dans leur rapport avec les irrigations. Quelles sont celles qui, aujourd'hui en vigueur, doivent être conservées? quelles sont celles qui doivent être revisées, surtout améliorées, dans l'intérêt général et dans l'intérêt privé?

Les lois civiles qui régissaient les eaux dans le Roussillon sont les mêmes qui les régissaient dans l'ancienne France de droit écrit; elles étaient dans le code romain, dont tant de nations ont fait leur code. Les principes généraux qu'elles consacrent, les dispositions particulières qu'elles contiennent sur la matière des eaux, portent avec eux la solution de toutes les questions de droit privé qu'elles peuvent faire naître, et ces lois ont été adoptées par le code, dont les premières années de ce siècle ont doté la France.

En effet, par son art. 644, ce code a voulu que le propriétaire, qui borde une eau courante, puisse s'en servir à son passage pour l'arrosage de sa propriété; par l'article suivant 645, il a disposé que, s'il s'élève des contestations entre ceux à qui ces eaux peuvent être utiles, les tribunaux aient à concilier les intérêts de l'agriculture avec le respect dû à la propriété, et que non-seulement les anciennes lois, mais encore les usages locaux fussent exécutés.

La loi postérieure du 25 mai 1845, faite pour favoriser et pour étendre l'arrosage, laisse dans toute leur force les prescriptions du code civil, puisque, si elle autorise le riverain d'une eau courante à l'amener sur son fonds non contigu en payant une indemnité aux propriétaires des fonds intermédiaires, elle n'a voulu et pu concéder ce droit qu'à ceux qui pouvaient la prendre sans contestation.

La loi civile sur les eaux, dans ses rapports avec les droits et les obligations de leurs propriétaires ou usagers, soit entre eux, soit envers des tiers, est donc à peu près complète; elle n'a besoin que d'être fidèlement exécutée pour doter l'avenir de la propriété de plus grands services que ceux qu'elle lui a rendus dans le passé.

Mais il n'en est pas de même de cette autre législation, qui fonde leur régime administratif de police, et qui doit, en protégeant les intérêts généraux, protéger les intérêts privés en prévenant ou réprimant tous actes qui pourraient leur être dommageables. Celle-ci a besoin de nouvelles lois qui fixent la situation actuelle des grands cours d'eau de toute nature, soumettent à des formes sévères toute demande en concessions dont ils seront l'objet, et déterminent les conditions sous lesquelles ces demandes seront accueillies et répondues.

Quelques mots pour justifier la nécessité de ces lois auront leur place dans cette notice. Bornons-nous actuellement à rappeler l'ancien régime administratif des eaux dans le Roussillon, et à indiquer celui d'aujourd'hui : les avantages et les vices de ces deux régimes seront appréciés et jugés par leurs résultats.

Nous avons dit la sollicitude avec laquelle les anciens rois du pays s'occupaient de ses rivières, combien étaient sages les lois qui protégeaient leur conservation, sévères celles qui régissaient leur police : inutile de revenir sur notre vieux code, qui avait créé pour elles des officiers d'administration, des magistrats spéciaux, sur ces règlements d'administration publique promulgués pour elles par le conseil souverain de la province, sur ces règlements locaux faits par les consuls des communes, propriétaires des canaux d'arrosage, et qui exerçaient une si grande influence sur les grands bassins d'où venaient les eaux ; il faut se borner à dire que nos grands cours d'eau furent, après la réunion du Roussillon à la France, sous la double protection de ses lois nationales et de l'ordonnance de 1669, après son enregistrement par le conseil souverain de la province.

Cette ordonnance, dans ses articles 42, 43, 44, en s'occupant des rivières navigables et flottables, parmi lesquelles étaient classés, comme l'atteste l'arrêt de 1780 déjà cité, le Thec, la Tet et l'Agly, les défendait contre l'usurpation de leurs eaux et l'envahissement de leurs rives. L'art. 44 portait :

« Défendons à toutes personnes de détourner les eaux des « rivières navigables et flottables, et d'en affaiblir et en dé « tourner le cours par tranchées, fossés ou canaux, à peine, « contre les contrevenants, d'être punis comme usurpa « teurs, et les choses réparées à leurs dépens. »

C'est à la sévère exécution de ces lois et de cette ordonnance que le Roussillon dut, pendant plus d'un siècle, l'état légal de ses rivières et la conservation de son arrosage; mais, à dater de 1789, leur administration, leur police passèrent en d'autres mains, et d'autres lois remplacèrent celles qui les avaient régies jusqu'à ce jour.

La loi du 12-20 août 1790, dans son chapitre 6, chargea les administrations départementales, remplacées aujourd'hui par les préfets, d'indiquer les moyens « de procurer « le libre cours des eaux, de diriger enfin, autant que pos « sible, toutes les eaux dans un but d'utilité générale. »

Ne s'occupant des eaux des rivières navigables et flottables que dans leurs rapports avec les contestations qu'elles pourraient faire naître entre des particuliers, l'article 10, titre 3 de la loi du 16-24 août, même année, en commit la connaissance aux juges de paix.

Pat celle du 8 octobre 1791, nul ne pouvait se prétendre propriétaire d'une rivière navigable et flottable; mais tout propriétaire pouvait, en vertu du droit commun, y faire des prises d'eau, sans néanmoins en détourner le cours d'une manière nuisible à l'intérêt général, et à la navigation intérieure. Art. 4, tit. 5.

Ce conflit entre les anciennes et les nouvelles lois ne pouvait pas manquer d'apporter les perturbations les plus graves dans les conditions matérielles et légales sous lesquelles les grands cours d'eau doivent exister pour être utiles à l'intérêt général qu'ils doivent servir, aux droits privés dont ils sont grevés. Ces perturbations amenèrent de tels désordres, que, pour les faire cesser, le Directoire, quatre ans après, s'armant du pouvoir exceptionnel qu'il tenait de l'article 43 de la constitution de l'an III dans les circonstances qui menaçaient la sécurité générale et intérieure de la France, rendit, le 6 ventôse an VI, l'arrêté suivant.

Cet arrêté ordonna l'exécution de l'ordonnance de 1669 et des lois nouvelles; mais, quant à celles-ci seulement, dans les seules dispositions qui assurent le libre cours des rivières navigables et flottables;

La visite, par une commission, de ces rivières, à l'effet de constater, par un procès-verbal qui serait adressé au ministre de l'intérieur, tous les établissements utiles ou nuisibles à la navigation, à l'industrie, aux desséchements existants sur leurs cours;

L'état des établissements nuisibles, et qui seraient fondés en titres, qui serait dressé par l'administration; la destruction, dans le mois, de ceux qui existaient sans titres;

Les administrations centrales et municipales furent chargées de veiller, avec une sévère exactitude, à ce qu'il ne fût créé, dans la suite, aucun pont, écluse, chaussée sur les rivières navigables et flottables, dans les canaux d'irrigation, sans en avoir obtenu l'autorisation de l'administration centrale, qui ne pût l'accorder qu'avec l'autorisation du Directoire exécutif.

Les opérations que commandait cet arrêté furent faites sur les trois grandes rivières du Roussillon, tenues, à cette époque, comme navigables et flottables, et qui avaient été régies comme telles jusqu'en 1789; mais ces opérations furent-elles exécutées avec cette rigueur qu'exigeaient les circonstances? Il n'en fut pas ainsi : des canaux sans titre restèrent debout; des prises d'eau non autorisées trouvèrent grâce devant l'administration, qui devait ordonner leur destruction; bien plus, depuis cette époque, de nouvelles prises d'eau ont été établies et tolérées contrairement aux lois, et l'arrosage sans droit a fait de nouveaux progrès. L'intérêt général y a-t-il gagné? non, puisque, si cet arrosage a été profitable à quelques individus, à quelques chétives localités, il a mis en souffrance des masses de propriétaires et des territoires entiers, vastes et précieux.

Plus tard, une ordonnance royale a voulu que fût dressé le tableau, par département, de toutes les rivières navigables et flottables; et celles-là qui ont été classées sont seules aujourd'hui une dépendance du domaine public, une de ces choses non susceptibles d'une propriété privée d'après l'article 538 du code civil.

Les rivières du Roussillon, pour ne pas avoir été classées parmi celles qui ont été déclarées une dépendance du domaine public, n'en sont pas moins importantes et sont bien loin de pouvoir être confondues avec ces petits cours d'eau qui naissent, coulent et finissent sur un espace de quelques kilomètres, sans aucune utilité pour l'agriculture et pour l'industrie; elles font mouvoir de nombreux moulins, de nombreuses usines; elles servent un arrosage plusieurs fois plus considérable que celui de tout autre département; les canaux qu'elles alimentent s'étendent sur plus de 120 kilomètres; ils ne sont pas seulement utiles à des intérêts minimes et peu nombreux; leur existence et leur avenir se lient aux intérêts non pas d'une classe unique de citoyens, mais à ceux des grandes communes agricoles autour desquelles sont les terres les plus fécondes et le plus fortement imposées; à ceux des cantons les plus populeux, disons mieux, à ceux de toute la province. Les cours d'eau de cette importance méritent une place particulière dans la législation administrative, après les rivières navigables et flottables.

Une malheureuse expérience a appris aux propriétaires arrosants, dans le département des Pyrénées-Orientales, que les lois administratives qui existent sur les cours d'eau les plus nombreux ne suffisent pas pour protéger leur industrie agricole, pour eux le plus précieux et peut-être l'unique moyen de prospérer ; de s'enrichir, non sans doute, mais de vivre ; ils reconnaissent cependant que les principes sur lesquels ces lois sont posées, admis et respectés dans toutes leurs conséquences, seraient pour eux de toute garantie : mais l'exécution de ces lois est soumise à des formes, à des conditions telles qu'elles peuvent être facilement faussées, et leurs principes méconnus. Ce qui suivra doit justifier qu'il existe dans la législation sur le régime administratif des grands cours d'eau un vague à faire disparaître, des lacunes à remplir, des formes particulières à établir pour les demandes en concession dont les eaux sont l'objet, dans l'instruction qui doit précéder leur admission ; qu'une loi nouvelle est, à ces fins, de toute nécessité. Cette loi, en donnant aux droits acquis toutes les garanties qui leur sont dues, donnera au gouvernement les moyens d'étendre les irrigations en restant dans les bornes de la justice et de la légalité, en conciliant, comme le veut la loi civile, l'intérêt de l'agriculture avec le respect dû à la propriété.

§ 5.

Pour démontrer la nécessité d'une nouvelle loi sur le régime des cours d'eau, importants, mais non classés comme une dépendance du domaine public, qui se pose juste et sévère entre les prétentions et les manœuvres de la cupidité cherchant à enter l'usurpation sur les titres, et la spéculation ambitieuse calculant ses succès et sa fortune sur la ruine des anciens usagers des eaux, que nous reste-t-il à faire ?

1° Nous devons établir la situation malheureuse dans laquelle se trouvent ou peuvent se trouver, d'un instant à l'autre, les propriétaires arrosants dans les autres parties de la France, par celle que subissent les arrosants dans le Roussillon ;

2° Rechercher les formes protectrices à prendre par l'administration pour concilier l'existence du nouvel arrosage, avec les droits de ceux qui sont en possession d'arroser, l'intérêt public avec l'intérêt privé, et surtout pour épargner aux usagers actuels des eaux, à ceux qui voudraient le devenir, les frais immenses de ces oppositions devant les tribunaux administratifs supérieurs, de ces procès civils qui ont porté de si grandes perturbations dans la situation financière de tant d'associations, de tant de communes, soit qu'elles soient sorties de la lutte victorieuses ou vaincues.

I. L'histoire de l'arrosage, dans tous les pays où il est pratiqué depuis les temps les plus reculés, se formule par des faits identiques. D'abord, usurpation des eaux par les riverains; plus tard, concessions royales, ou seigneuriales, purement administratives; ailleurs, aliénation des eaux domaniales; aujourd'hui pour les usagers, titres écrits, possession immémoriale, et disons, pour le plus grand nombre, plusieurs fois séculaire.

Les mêmes causes, soumises aux mêmes influences, ont toujours produit les mêmes résultats; toujours et partout, les intérêts légitimes ont ému les passions rivales. En matière d'arrosage, les titres écrits, la possession la plus longue, des lois, des édits, des ordonnances royales, quadruple enceinte derrière laquelle les droits légitimes des usagers devaient être à l'abri de toute atteinte, n'ont pas suffi pour les protéger; les tolérances administratives, le crédit, la faveur, les voies de fait, et il faut ajouter l'apathie des usagers eux-mêmes, ont porté à leur industrie les coups les plus funestes, et altéré les sources de leur aisance; la fraude et la mauvaise foi, sous le manteau de la prescription, ont d'autres fois triomphé de leurs droits devant la justice étonnée, disons mieux, affligée des décisions légales qu'elle était forcée de rendre.

La loi du 25 mai 1845 a grevé la propriété d'une nouvelle servitude légale en faveur de la propriété qu'on veut arroser; elle a voulu que tout propriétaire qui borde une eau courante dont il peut se servir à son passage pour l'arrosage de son fonds puisse encore obtenir son passage à travers les propriétés intermédiaires pour la faire parvenir sur ses propriétés non riveraines sous préalable indemnité ; que les propriétaires inférieurs dussent, acceptant cette indemnité, en souffrir l'écoulement par leurs fonds.

Comme le moindre dérangement d'une pierre, dans un édifice ancien et utile, éveille l'attention de tous les intéressés à son existence, et leur fait chercher les réparations qu'il réclame, les améliorations qu'il peut recevoir, cette loi, en effrayant les propriétaires arrosants sur l'avenir de leurs biens, a reporté sous leurs yeux le régime administratif actuel des eaux, et leur a commandé de solliciter les améliorations dont les nécessités sont fragrantes, et comment cela n'aurait-il pas été ? Sans que le volume d'eau qu'ils portent puisse être augmenté, les grands cours d'eau vont être soumis à de plus grandes exigences ; les grands canaux eux-mêmes auront une plus grande étendue de terres à desservir, par l'extension que l'arrosage va prendre. Sous peine d'être complices de leur ruine, les arrosants actuels doivent invoquer les garanties qui leur sont dues, et soumettre aux grands pouvoirs de l'État les conditions sous lesquelles de nouveaux droits doivent être concédés sur les eaux, pour ne porter aucune atteinte aux droits acquis sur elles.

Pour justifier combien sont fondées les craintes des propriétaires arrosants, dans le Roussillon, il faut faire connaître leur situation, déjà si difficile, et dès lors la nécessité d'une loi, qui leur rende la jouissance de leur passé et qui protége leur avenir, sera démontrée.

Dans une contrée placée sous le plus beau soleil de la France méridionale, entourée de hautes montagnes, là où elle n'est pas bordée par la mer et resserrée entre deux grands États ; dans une contrée qui changea si souvent de maître, qui même, après sa réunion à la France, fut si longtemps enfermée entre deux lignes de douanes, et qui, sans relations extérieures, sans commerce intérieur, sans ports, sans routes, sans fabriques, n'offrait à ses habitants des moyens d'existence que dans les produits de son sol, l'agriculture dût être nécessairement l'occupation de tous.

Dès lors, les trois grands cours d'eau qui, descendant de leurs hautes montagnes et parcourant leurs vallées, s'offraient d'eux-mêmes aux habitants pour l'irrigation de leurs terres, durent, de toute nécessité, subir toutes les dérivations auxquelles ils purent suffire ; aussi, depuis le xve siècle, une infinité de prises d'eau, plus de soixante canaux d'arrosage, dont plusieurs fertilisaient de vastes étendues de pays, et portaient un grand volume d'eau, furent légalement établis sur le Thec, la Tet et l'Agly.

Jusqu'en 1789, hors les temps exceptionnels de grande sécheresse, ces rivières fournissaient aux canaux d'arrosage la quantité suffisante aux besoins de leurs vallées.

Depuis cette époque, le volume d'eau qu'elles portaient s'est beaucoup appauvri et l'arrosage s'est largement étendu. La main imprudente de l'homme des montagnes a fait tomber leurs arbres, arraché leurs arbustes ; le spéculateur a brûlé leurs antiques forêts ; le défricheur a osé demander à quelques centimètres de terre que la nature et les siècles avaient jetés sur le front du rocher les mêmes productions qu'un soc laborieux obtient dans la plaine d'une terre profondément végétale. Alors les pluies qui, dans toutes les saisons, alimentaient les sources de nos rivières et descendaient sur nos vallées, n'ont plus été fréquentes et régulières ; les grandes pluies d'hiver tombant, dans nos hautes régions, sur une couche de terres sans consistance les ont entraînées dans la plaine ; ces terres ont envahi le lit des rivières, y ont entassé des montagnes de sable. Dans les grandes crues, leurs eaux, chassées du bassin que la nature leur avait formé, se jettent sur les fonds riverains ; coupant les routes, renversant les chaussées, elles envahissent et dévastent des territoires entiers, qui, naguère fertiles, ne seraient plus qu'une grève stérile, si la main du propriétaire ne cherchait, aux dépens du pain de sa famille, à rétablir, autant qu'il est en lui, l'état des lieux après chaque inondation.

Ce n'est pas assez : les tolérances administratives, l'apathie des usagers ont souffert la construction de nouveaux canaux d'arrosage, et les laissent exister, quoique non autorisés ; ils servent à des terres sablonneuses, presque sans valeur et à peine imposées, qui absorbent une plus grande quantité d'eau que des terres de la plaine plusieurs fois plus étendues, compactes, argileuses et grevées d'un fort impôt.

Faudra-t-il constater, par des faits que personne ne pourra contester, combien l'arrosage des terres, dans les riches territoires qui se rapprochent de la mer, est devenu précaire, incertain, dans les mois où la terre, desséchée par les grandes chaleurs des étés de notre Midi, est sans force et sans substance pour féconder les graines, et nourrir les plantes qui doivent donner au cultivateur les récoltes de l'arrière-saison? Faudra-t-il constater combien est compromise, à la même époque, la salubrité des communes, qui se sont réservé, pour leurs besoins intérieurs, une partie de leurs eaux?

Rivesaltes, dont la prise d'eau est sur l'Agly, et Claira, qui ne dispose de ses eaux qu'après Latour, Estagel, Pene et Espira, sont souvent sans eau dans les mois d'août et de septembre. Il y a quelques années, pas une goutte d'eau ne parvint à Rivesaltes, et encore moins à Claira, depuis le 20 juin jusqu'en octobre.

Il résulte d'une infinité de jaugeages opérés sur le Thec par des ingénieurs civils, par des juges de paix, par des experts judiciairement nommés, dont les rapports sont consignés dans le dossier d'un procès, que la commune d'Elne soutient à grands frais contre des particuliers, qui, en vertu d'un ancien titre de concession d'eau sur cette rivière, ont construit un canal d'arrosage pour des territoires jusqu'à ce jour non arrosés, que le Thec n'a pu, pendant plusieurs années peu distancées, fournir à la fin de l'été les eaux nécessaires aux besoins des habitants, et des terres d'Elne, pour qui le canal existant a été construit.

Enfin, à 15 kilomètres en amont de son territoire, Perpignan possède une prise d'eau sur la Tet ; là commence son canal d'arrosage, appelé *lo rech de las canals*, dont les eaux n'arrivent sur son territoire, et dans son intérieur qu'après avoir arrosé les territoires de plusieurs communes qu'il doit traverser. Souvent, dans les mois d'août et de septembre, la quantité d'eau que lui fournit la Tet est si peu considérable, et les besoins des arrosants supérieurs sont si urgents, que ceux de Perpignan sont condamnés à perdre leurs récoltes. Ce n'est pas assez : lorsque la salubrité de la ville exige impérieusement que les jours pendant lesquels elle s'est réservé l'usage exclusif des eaux de son canal pour laver les rues, nettoyer ses égouts, elles arrivent dans son intérieur, que doit-on faire ? Les autorités sont forcées de prendre les mesures les plus sévères ; elles dirigent des troupes sur tout le parcours du canal, des sentinelles sont placées à chaque prises d'eau particulière ; les mêmes mesures doivent être prises, lorsque son canal, ne recevant pas une seule goutte d'eau, elle s'en sert pour amener les eaux du canal de Corbère, du canal de Thuir, que leurs propriétaires lui ont cédées.

S'il fallait à ces preuves ajouter d'autres preuves pour établir que les rivières du Roussillon ne peuvent trop souvent suffire à la satisfaction des droits et des besoins de leurs usagers, nous les puiserions dans les greffes de nos tribunaux correctionnels, de notre cour d'assises ; des délits et des crimes, plus nombreux que dans les autres mois, ont pour date les mois de l'année pendant lesquels l'arrosage est en souffrance. Les injures, la fraude, les violences, les voies de fait, et jusqu'au meurtre, deviennent, entre les mains du propriétaire pauvre, du malheureux fermier, des armes pour repousser la misère qui menace sa famille pendant l'hiver qui s'approche, et quelquefois pour échapper à son entière ruine.

Cet état de choses a des droits à la sollicitude du législateur, par cela seul qu'il provoque des actes d'immoralité, et trouble l'ordre public ; ensuite parce qu'il compromet les premiers intérêts de tout un pays agricole, et alors qu'il peut être un jour celui de tous les pays d'arrosage : grave dès aujourd'hui, il sera plus grave quand, par la loi de 1845, les irrigations se seront étendues.

Une loi magistrale sur le régime administratif des eaux devient donc d'une nécessité absolue.

Cette loi doit s'occuper de la classification des grands cours d'eau, qui, sans être navigables et flottables, intéressent une commune, un canton, un arrondissement, un département, et ont de l'importance par leur volume, par l'utilité qu'en retirent, ou peuvent en retirer, l'industrie et l'agriculture ; elle doit soumettre à une direction plus calculée, à un régime sévère et spécial de police, ces grands cours d'eau, qui, pour n'avoir pu être classés comme indispensables à la navigation intérieure, n'en sont pas moins d'une immense utilité, puisque, en général, c'est sur eux que sont établies le plus grand nombre de prises d'eau pour la mise en jeu de nos usines, et pour les canaux d'arrosage.

Cette loi doit ensuite soumettre les demandes en concession d'eaux, et en construction de nouveaux canaux d'arrosage, et leur instruction a des formes rigoureuses et solennelles, qui donnent aux possesseurs légitimes des eaux les garanties qui sont dues à leurs droits acquis, et qu'ils ne peuvent trouver dans les formes que l'administration a dû adopter, dans le silence de la loi sur la procédure devant les tribunaux administratifs. Ces formes donneront au demandeur les moyens d'établir la justice et l'utilité de sa demande ; à l'usager, les moyens de produire la justification de ses moyens d'exception ; elles protégeront les intérêts généraux, les intérêts privés ; elles seront la garantie du juge, qui ne veut et ne doit prononcer qu'avec connaissance de cause, la garantie du pouvoir concédant, qui ne veut et ne doit concéder qu'en laissant entiers les droits des tiers.

Et d'abord, pour que le gouvernement n'eût pas à s'occuper de demandes qu'après de longues discussions, et une grande perte de temps pour les administrations locales, il devrait rejeter, pour épargner aux propriétaires, aux industriels, de grandes dépenses, n'y aurait-il pas à faire pour les cours d'eau importants, utiles à des masses d'individus et non classés comme dépendances du domaine public, ce qui a été fait dans l'intérêt général pour les rivières navigables et flottables ?

Le tableau, par département, de ces rivières a été dressé d'après les prescriptions d'une ordonnance royale. Une loi ne pourrait-elle pas ordonner que les cours d'eau, d'un ordre inférieur, mais importants et utiles, seraient classés et désignés comme rivières départementales, d'arrondissement, de canton, de commune, suivant qu'elles parcourraient le territoire d'une commune, d'un canton, d'un arrondissement, d'un département, s'il y avait sur ces cours d'eau des prises d'eau construites ou à construire, des canaux d'arrosage établis ou à établir ?

Pour préparer ce classement, une commission d'hommes, les uns tenant à la science administrative, les autres à la propriété, avec le concours d'un officier du génie civil, et sous la présidence d'un conseiller de préfecture ou d'un membre du conseil général du département, serait chargée de parcourir le cours d'eau, depuis sa source jusqu'à sa fin ; elle ferait constater, sur la carte qui en serait dressée par l'officier du génie civil, toutes les prises d'eau et tous les autres ouvrages de dérivation qui s'y trouveraient construits ; elle mesurerait le volume d'eau que chaque prise établie donne à l'arrosage, et approximativement celle que le cours d'eau peut lui fournir.

Ces opérations terminées, les propriétaires de ces prises d'eau seraient sommés de produire à la commission les titres en vertu desquels elles ont été établies, ou la preuve, par une enquête sommaire reçue par le juge de paix, ou par tout autre magistrat commis, et qui serait valable seulement devant la commission, que la prise d'eau existe depuis plus de trente ans.

Sur ces éléments, si l'opinion de la commission était que les usagers doivent absorber, pour les besoins de leurs terres et la satisfaction de leurs droits, la totalité des eaux, elle déclarerait qu'il n'y aura pas lieu à accueillir de nouvelles demandes en concessions sur ce cours d'eau ; si, au contraire, elle reconnaissait qu'après la satisfaction de ces besoins, de ces droits, il contiendra des eaux disponibles, elle déclarerait que de nouvelles demandes pourraient être admises dans la limite de ces eaux.

La déclaration de la commission sera communiquée directement et personnellement à chaque usager par l'administration, afin que, si quelqu'un d'entre eux la croyait contraire à ses droits, il fût tenu d'appeler devant qui de droit ceux qu'il croirait injustement compris dans la jouissance et le partage des eaux. Les décisions ou jugements intervenus seraient remis à la commission, qui devrait y conformer sa déclaration.

Cette déclaration, définitivement arrêtée, serait soumise au conseil d'arrondissement, et successivement au conseil général du département, avec les observations du préfet, et devrait être par eux approuvée dans une délibération expresse et motivée.

Le dossier serait envoyé au ministre de l'intérieur, qui, par un règlement d'administration publique, fixerait la place que ce cours d'eau doit occuper, d'après la nouvelle loi, dans le tableau de ceux qui pourraient fournir ou être refusés à de nouvelles dérivations.

Que d'embarras cette nouvelle loi organisatrice du régime des rivières non navigables et flottables, mais grands cours d'eau d'utilité publique, pour de vastes espaces de pays, pour des masses de propriétaires, bassins bien plus exploités pour l'arrosage que les cours d'eau du domaine public, épargnerait à l'administration ! que de sollicitudes, que de dépenses elle épargnerait à l'avenir de la propriété! quelles garanties elle donnerait aux usagers légitimes !

Mais, en prescindant de cette proposition que je soumets aux méditations des hommes de l'administration et de la science, on ne contestera pas que le gouvernement ne soit, en fait, aujourd'hui comme autrefois, le dispensateur des eaux dont nous nous occupons. Les lois administratives, qui ne sont que la conséquence du droit qui appartient au pouvoir souverain, d'administrer tout ce qui se rattache aux intérêts généraux, ont dû les mettre, quant à leur surveillance, leur direction, leur police, sous la main des pouvoirs inférieurs légalement constitués; mais le souverain s'est réservé implicitement le droit d'en concéder l'usage, en se réservant celui d'accorder ou de refuser son autorisation à tous ouvrages, prises d'eau, canaux, etc., qui pourraient changer la hauteur des eaux dans les grands bassins d'où l'on veut les extraire.

Pour obtenir cette autorisation du premier pouvoir de l'État, une demande doit être formée devant l'administration inférieure et locale.

Cette demande, on a reconnu le besoin de lui donner une grande publicité, parce qu'elle se rattache aux intérêts généraux, parce qu'elle peut atteindre des intérêts privés.

Elle peut donner lieu à des oppositions fondées sur des motifs différents : l'intérêt de tous, l'intérêt et les droits privés.

Nous ne sortirons pas du cadre de cette notice, en traitant de l'opposition que tout citoyen a droit de former contre le projet conçu de faire, sur un cours d'eau, des changements, par cela seul qu'ils pourraient porter atteinte aux intérêts généraux, en compromettant la sûreté, la salubrité du pays, ou de toute autre manière; nous nous bornerons à traiter de la demande en autorisation d'une prise d'eau pour un canal d'arrosage, dans ses rapports avec les droits de propriété ou d'usage acquis à des tiers, et de l'opposition que ces tiers ont le droit de former contre elle, en

5

vertu de leurs titres de propriété ou d'usage exclusif, ou de leur possession sur les eaux auxquelles on veut donner une nouvelle destination.

Si l'ordonnance royale, qui autorise des prises d'eau, des canaux d'arrosage sur les cours d'eau de toute nature, montre vivant, dans nos lois, le principe qu'au prince seul appartient le droit de concéder les eaux dans un but d'utilité publique, la clause conditionnelle, *sous la réserve des droits des tiers*, atteste que l'autorisation n'est donnée que sous la même restriction écrite dans la loi romaine, *nisi quis plus sibi datum ostenderit ; si, sine injuria alterius fiat ;* l. 17, ff. *De serv. prœd. et rust.* Répétons donc que cette clause porte en elle-même toute la théorie de la législation sur les concessions administratives des eaux, dans ses rapports entre le souverain, les anciens et les nouveaux concessionnaires. Le prince peut concéder les eaux publiques autant de fois qu'il le jugera convenable aux intérêts généraux ; mais elle exprime aussi qu'il ne peut porter atteinte aucune aux droits acquis sur elles, et déposséder, en faveur des nouveaux concessionnaires, ceux qui l'étaient avant eux, des bénéfices de leurs titres ; il n'entend disposer que des eaux surabondantes.

Outre les conséquences légales que nous avons déduites des titres qu'ont pour eux les usagers des eaux, cette clause, qui réserve tous leurs droits, consacrerait, s'il en était besoin, une autre conséquence : la qualité de possesseurs des eaux leur donne le droit incontestable de suivre, devant l'administration à qui elle est présentée, toute demande de prise d'eau sur le bassin, siège de leurs droits de propriété ou d'usage, de prendre une part active et personnelle à son instruction, afin que, si elle fait surgir quelque question de droit civil, ils puissent en demander le renvoi aux tribunaux, qui seuls peuvent en connaître ; et, s'il en était autrement, à quoi leur servirait la réserve de leurs droits, qu'ils ne pourraient pas défendre par eux-mêmes, dès le premier moment qu'ils seraient compromis ?

On a tellement reconnu combien la présence des anciens usagers dans l'instance administrative, dont une concession d'eau doit être le résultat, est nécessaire, que les préfets, dès qu'une de ces demandes est formée, s'empressent, en se conformant à une instruction ministérielle, de la transmettre aux maires des communes dont le cours d'eau qui doit la fournir traverse le territoire. Ils ordonnent que cette demande soit livrée à la plus grande publicité ; les maires doivent la communiquer particulièrement aux propriétaires d'usines, aux associations d'arrosants, dans la personne de leurs syndics ; ensuite s'ouvre une enquête *de commodo et incommodo*, annoncée par publications et affiches ; et pourquoi ? pour porter cette demande à la connaissance de tous ceux qui auraient intérêt ou droit à la contester, dans son rapport avec l'utilité publique, avec la propriété privée, pour que tout citoyen puisse, par son opinion écrite et motivée, exprimer ses droits et éclairer l'administration, qui doit l'admettre ou la rejeter.

Mais, si ces moyens de publicité suffisent pour faire connaître cette demande à ceux qui ne voudraient s'en occuper que dans un intérêt général, ceux qu'elle touche dans leurs intérêts, dans leurs droits privés ont quelque chose de moins vague, de plus régulier, disons mieux, de plus légal à exiger.

Les décisions administratives peuvent avoir, contre les usagers des eaux, les mêmes résultats que les arrêts de justice, non pas en frappant directement leurs titres, en les déclarant sans force et sans valeur, mais en les amoindrissant en fait, en allant jusqu'à les annihiler par un changement matériel dans l'état des lieux sur lesquels sont exercés des droits acquis, changement qu'après un certain temps ils devront subir à toujours. Ils sont, dès lors, parties nécessaires dans la discussion d'une question purement administrative, si l'on veut, dans son origine, mais de laquelle peuvent surgir des questions de droit civil qui devront être portées devant d'autres juges.

La première cause de la publicité dont le pouvoir administratif entoure les demandes en concessions d'eaux est la con-
viction que les usagers doivent la connaître, et doivent encore
devenir parties dans l'instance où elles seront discutées.
Cette publicité est un acte de protection et de respect envers
les droits de propriété; mais ces droits, est-ce à l'administration à en provoquer l'exercice? N'est-ce pas celui qui peut les
compromettre en obtenant de s'établir sur les lieux où ils
sont exercés qui doit signifier sa demande aux usagers? n'est-
ce pas lui qui doit les appeler devant l'administration pour
avoir à reconnaître que sa demande, uniquement fondée
sur les principes du droit administratif, et ne leur étant nul-
lement dommageable, doit être admise; et, dans le cas où
ils la trouveraient contraire à leurs droits privés, pour voir,
sur leurs conclusions, l'administration surseoir à sa décision jusqu'après la solution des questions de droit civil que
leur opposition aura soulevées?

S'il y a nécessité de la présence de leurs usagers dans
l'instance en concession d'eaux, il y a obligation pour le
demandeur de les appeler; dès lors des mesures officieuses
prises par l'autorité administrative pour les prévenir ne
suffisent pas, et ne peuvent les constituer en demeure de se
défendre dans une instance qui peut compromettre leurs
intérêts les plus graves, leurs droits les plus précieux. La
lettre d'un préfet à un maire, qui peut être ensevelie dans
le carton d'un bureau, des publications qu'on peut réduire
à leur plus simple expression, des affiches qu'une main intéressée peut arracher au moment même de leur apposition,
une enquête à laquelle aucune loi, dans ses prescriptions, ne
commande au citoyen de se présenter, et qui n'a d'autre
durée que celle que l'administrateur qui l'a ordonnée a voulu
lui donner, ne sont pas des moyens assez puissants, puisqu'ils ne sont consacrés par aucune loi, pour imposer aux
usagers l'obligation d'intervenir dans une instance où se discute une demande qu'il a plu au tiers de porter devant l'autorité administrative et que ce tiers ne leur a pas dénoncée.

Disons donc que devant la justice administrative, comme devant la justice civile, dès qu'il y a des intérêts divers et privés, prochains ou éloignés à concilier, à respecter dans la décision à rendre, dans le jugement à prononcer; des droits de tiers qui peuvent être compromis, altérés par la décision ou le jugement, un ajournement à ces tiers est de nécessité absolue, afin qu'ils soient forcés de prendre dans la discussion telle part que leur commandera la défense de leurs intérêts s'ils sont fondés sur des droits.

Ainsi, en matière de concession d'eau sur un cours déjà grevé de droits d'usage, lorsque le demandeur a porté sa demande devant l'administration, un huissier, sur sa réquisition, doit venir, au nom de la loi qui l'a constitué un officier de ses justices, dénoncer aux usagers inférieurs la demande ayant pour objet la concession d'une partie des eaux qui, jusqu'à ce jour, sont parvenues sur le point du cours d'eau où ils exercent leurs droits. Une copie de cette demande doit être laissée entre les mains de chacun d'eux, afin que son premier juge puisse l'examiner et agir ensuite ainsi qu'il avisera, soit en gardant le silence et, dès lors, se déclarant sans intérêt, soit en produisant les griefs de son opposition dans le délai fixé par la loi; et tout cela doit être constaté par un acte écrit, signé par l'officier ministériel, resté en original entre les mains, pour être déposé sommairement dans un registre public par son enregistrement et être ensuite remis au demandeur. Si l'usager, par sa désobéissance au mandat de justice, souffre plus tard quelque dommage dans ses biens, dans ses droits, il ne pourra pas dire que la protection de la loi lui a failli; il ne pourra accuser que lui seul des pertes qu'il se sera exposé à éprouver.

Quels sont les arguments qu'on voudrait élever contre ces ajournements, dont nous soutenons la nécessité?

Dira-t-on que les formes actuelles, simples, économiques, doivent être conservées?

Rien n'empêcherait de donner aux formes nouvelles les

mêmes avantages en y ajoutant la légalité, et fussent-elles plus lentes, il faut se souvenir que la lenteur des formes, dans les causes qui touchent aux personnes, aux biens, aux droits, a été de tous les temps reconnue nécessaire pour rendre l'instruction plus complète et, dès lors, plus utile, pour protéger les justiciables, pour éclairer la conscience du juge.

Dira-t-on qu'il serait difficile, impossible peut-être à celui qui n'a eu jusqu'à ce jour aucun intérêt à chercher, à connaître sous quelles conditions se trouve placé un cours d'eau, d'appeler tous ceux qui ont des droits sur lui?

D'abord tous les cours d'eau grevés de droits d'usage portent l'empreinte de la main de l'homme; ici des prises d'eau construites, là de simples coupures; plus haut des digues, plus bas des épanchoirs et d'autres ouvrages d'art; dès lors, le simple aspect des lieux apprend qu'ils ont des usagers; et ces usagers sont faciles à trouver autour de leurs œuvres, et ici se montre dans tout son jour la nécessité de la carte officielle de tout cours d'eau utile et important que nous avons demandée plus haut. Cette carte indiquerait, chacune sous un numéro particulier, toutes les prises d'eau établies sur ses bords dans tout son parcours et les noms de leurs propriétaires; une matrice-appendice de cette carte et cette carte elle-même seraient déposées dans les archives de la préfecture à la disposition de tous ceux qui auraient à les consulter. Comme celui qui poursuit une expropriation forcée, et qui doit appeler, pour dresser l'ordre, tous les créanciers qui ont une part à prendre dans le prix des ventes, n'est obligé par la loi que de les chercher sur le registre des inscriptions hypothécaires, le demandeur en concession n'aurait besoin que de jeter les yeux sur cette carte, sur cette matrice pour connaître le nombre et le nom de tous ceux qu'il doit appeler dans son instance administrative.

A ces objections, voudrait-on ajouter des objections nouvelles? Quelles qu'elles fussent, elles ne seraient pas plus fondées, et le fussent-elles, elles devraient tomber sous la main de fer d'un contradicteur tout puissant, devant la souveraineté de la loi, protectrice du droit sacré de propriété.

L'indispensable nécessité de la présence de l'action des anciens usagers dans l'instance qui doit précéder une nouvelle concession d'eau sur le cours, siége de leurs droits, est incontestable; aussi cette présence est commandée par la loi civile qui lie, dans le monde social, tous les pouvoirs comme tous les individus.

En effet, de quoi s'agit-il dans cette instance? Il s'agit de savoir s'il y a lieu à accorder à de nouveaux concessionnaires des droits de propriété ou d'usage sur un cours d'eau déjà grevé des mêmes droits en faveur de tiers.

Dans le bassin qu'on veut soumettre à de nouvelles destinations coulent, mêlées et formant une seule masse, les eaux concédées à des tiers et celles restées ou qui peuvent être restées disponibles entre les mains du pouvoir qui tient de la loi le mandat et le pouvoir d'en disposer; c'est donc sur une masse d'eau commune à divers que sa demande en concession nouvelle doit être discutée. Il est, dès lors, non pas seulement dans les intérêts, mais encore dans les droits des anciens usagers d'être parties dans l'instance, d'y prendre une part active et personnelle, parce que c'est leur propriété qu'on discute, parce que ce sont leurs droits qu'on peut atteindre; de suivre toutes les opérations qu'ils peuvent exiger, et qui constateront que le bassin sur lequel la demande est formée contient et peut fournir assez d'eau pour la satisfaction des droits qu'on veut créer, en laissant entières les eaux que leur donnent leurs titres et leur possession.

Inutile d'allonger cette notice par la citation des lois sur lesquelles s'appuie cette vérité de droit que, dans toute discussion qui roule sur une chose commune et indivise, la présence de tous les communiers est indispensable; elles sont si connues, elles reçoivent tant de fois leur application, que leur énonciation est suffisante.

Ainsi l'appellation des anciens usagers à la requête de celui qui demande à être associé à leurs droits dans l'instance qu'il formera à ces fins est une obligation qui doit lui être imposée par la loi ; c'est une première garantie que leur doit une nouvelle législation et qui ne peut leur être refusée.

Mais, après cette garantie première, la loi doit à l'usager, pendant le cours de l'instance et dans quelques circonstances, quand cette instance sera vidée, d'autres garanties.

Appelé dans la cause, si l'usager ne répond pas, la décision qui interviendra n'acquerra la force de la chose jugée qu'après le terme de quelques mois après, et à dater de la signification qui lui aura été faite de la décision administrative, sans qu'il y ait formé opposition.

Mais si, dans le délai de l'ajournement qui lui aura été donné ou après la décision par défaut, il produit ses griefs et exceptions, les différents motifs sur lesquels ses moyens, ses exceptions sont fondés doivent amener des résultats différents.

Sa défense, son opposition seront-elles fondées sur des motifs d'ordre public ou d'utilité générale, par exemple, sur ce qu'un changement matériel dans les conditions physiques du cours d'eau nuirait à la salubrité de la contrée, ou influerait sur la hauteur des eaux qui, dans l'intérêt général, doit rester ce qu'elle est? Il est certain que la décision renfermée dans le cercle de ces questions ne devrait appartenir qu'aux tribunaux administratifs.

La défense, l'opposition fournies par l'usager seront-elles fondées sur ce que, en vertu de ses titres, la totalité des eaux qui forment le cours est sa propriété privée, ou que l'usage exclusif lui en a été dévolu ; que, dès lors, son bien personnel, l'administration ne peut en disposer de la moindre partie? il y aura alors nécessité absolue de renvoyer le demandeur et le défendeur devant les tribunaux civils, seuls compétents pour prononcer sur une question de propriété dont la solution leur est exclusivement déférée.

Le motif de l'opposition sera-t-il, comme on le voit le plus souvent, que le volume d'eau sur lequel on veut opérer de nouvelles dérivations n'est pas suffisant à la satisfaction des droits des anciens usagers et à l'exploitation de la concession qu'on sollicite?

Dans cette hypothèse, la contestation, la décision de la suffisance ou de l'insuffisance des eaux doivent-elles rester dans la juridiction administrative, doivent-elles encore être déférées aux tribunaux civils?

Cette notice n'ayant d'autre but que d'indiquer en principe les garanties qui sont dues aux anciens usagers des eaux, en concours avec des tiers qui veulent devenir leurs co-usagers, elle ne doit pas rechercher quelles doivent être les attributions des tribunaux administratifs, celles des tribunaux civils sur la matière des eaux, et poser les limites des deux juridictions; elle dira seulement que le droit de se saisir des questions que les eaux soulèvent semble devoir ressortir, pour l'une ou pour l'autre, de l'or gine des droits en vertu desquels les anciens usagers combattent la demande nouvelle.

Ainsi, si leur titre est un acte purement administratif émané du souverain comme administrateur suprême des eaux publiques, qui les a autorisés à user de ces eaux en les affectant à un objet particulier, il semble que toutes les questions qui dérivent de ce titre uniquement d'administration sont de la compétence des seuls tribunaux administratifs. Mais ne faut-il pas dire que, si le titre sur lequel l'usager s'appuie est un contrat civil entre le souverain, le maître absolu des eaux comme partie des biens de son domaine aliénables, et des individus habiles à les acquérir, quand il invoque la propriété des eaux par titres privés ou par possession, la compétence des tribunaux administratifs est plus que douteuse?

En effet, pour juger le mérite de la qualité de propriétaires ou de possesseurs exclusifs que se donnent ces usagers, pour juger ensuite s'il y a suffisance ou insuffisance d'eau pour les droits dont ils excipent, et pour ceux qu'on veut créer, ces tribunaux devraient mesurer l'étendue, juger la valeur des titres, la portée d'une possession civile, ce qui sort évidemment de leurs attributions. Et ne devraient-ils pas renvoyer les parties devant les tribunaux civils, ne fût-ce que pour prononcer sur le mérite de la qualité, des titres, de la possession invoqués et dont le juge administratif ne peut connaître, tout en se réservant, si la loi les y autorisait, les opérations à ordonner ou à faire pour établir, après jugement ou arrêts civils, la suffisance ou l'insuffisance des eaux?

En présence du grand principe d'équité et de justice qui veut que de nouvelles concessions ne puissent être faites sur un cours d'eau déjà grevé de droits d'usage, que s'il peut fournir un volume d'eau supérieur aux besoins des droits acquis, les tribunaux, quels qu'ils soient, administratifs ou judiciaires, rempliront dignement le mandat qu'ils recevront de la loi nouvelle, de concilier les intérêts de l'agriculture avec le respect dû à la propriété ; ils voudront la vérité et la justice pour bases de leurs décisions. Ce ne sera qu'après les opérations les plus rigoureuses, les preuves les plus complètes, qu'ils prononceront si le cours d'eau sur lequel la contestation est établie pourra suffire à l'ancien et au nouvel arrosage.

Après la reconnaissance des titres et l'appréciation des droits, le juge du fait sera autorisé à rechercher si, suivant les conclusions du demandeur, le bassin peut subir de nouvelles dérivations sans rien enlever aux droits acquis ; si, suivant ce que soutiennent les anciens usagers défendeurs, de nouvelles eaux ne peuvent être concédées qu'au préjudice de leurs droits. Ces questions ne pourront être résolues que par des preuves, et ces preuves ne pourront être que la preuve par témoins, la preuve par experts.

Si d'une preuve testimoniale complète il résulte que fréquemment le cours d'eau faillit à l'arrosage qu'il doit desservir dans les jours qui finissent l'été ou qui commencent l'automne, il semble que le jugement en faveur de l'usager à longue possession sera fondé en droit et en équité.

Mais, dans l'absence ou l'insuffisance de cette preuve, et même quelquefois en concours avec elle, le juge devra admettre l'expertise, et, pour répondre à la confiance du magistrat, quelle sera pour les experts l'opération la plus sûre, la plus rationnelle? le jaugeage.

Tous les jalons que la justice a éprouvé le besoin de placer sur la route que le magistrat doit parcourir pour atteindre la vérité ont occupé le législateur; aussi, sur le jaugeage comme sur mille autres matières, le droit romain doit être son premier guide. Après avoir consacré, dans diverses lois, le principe que de nouveaux droits d'arrosage ne peuvent se concilier qu'avec le respect et l'existence des anciens droits, et ne pouvaient être obtenus qu'avec le consentement des usagers en possession des eaux, il admettait le jaugeage dans les contestations entre eux et les demandeurs en nouvelles concessions; et, comme les fleuves et les rivières ont un cours plus régulier en été qu'en hiver, il ne manqua pas de prescrire que ce ne serait que pendant l'été qu'il serait opéré : « Prospexit prætor ne derivationibus mi-« nus concessis, flumina excrescunt..., et idcirco aiunt prio-« rem æstatem comprehendisse, quia semper certior est natu-« ralis cursus fluminum quam hieme. » L. 8, § 8, et... *ne quid in flum. publ.*

Aujourd'hui, comme autrefois, la science des experts, leur serment, leur probité garantiront la fidélité de leurs opérations; mais le jaugeage, dont tant de causes peuvent altérer la vérité, contre la volonté des experts, alors même qu'il n'ait lieu qu'en été, peut donner, à cette époque de chaque année, des résultats différents : il ne peut donc établir par une seule opération la preuve certaine et complète du volume d'eau que les fleuves et les rivières porteront, chaque année, pendant les mois de l'été; un seul jaugeage ne peut donc fournir la preuve de la suffisance de leurs eaux pour la satisfaction continuelle des anciens droits et des nouveaux besoins; il faut donc, de toute nécessité, qu'il soit renouvelé plusieurs fois; et pourquoi? parce que

les droits que donnent aux usagers leurs titres et leur possession ne doivent être exposés à aucune éventualité; ils
sont de toutes les années, de toutes les saisons, de tous les
jours, de tous les moments ; ils doivent pouvoir les exercer
dans le plus lointain avenir comme ils les exercent aujour-
d'hui, comme leurs auteurs les ont exercés dans les temps
les plus reculés : aussi, si, dans les années où le jaugeage
sera renouvelé, il en est une, une seule dans laquelle l'insuffisance des eaux sera constatée, la demande en nouvelle
concession devra être rejetée.

Que les nouvelles lois apprennent donc aux anciens concessionnaires des eaux que, dans les contestations avec ceux
qui voudront partager la jouissance de leurs eaux, ils auront le droit d'exiger plusieurs fois le renouvellement du
jaugeage, mais en s'exposant aux peines qu'encourt le plai-
deur téméraire, les dommages-intérêts et les dépens.

Enfin, dans nos jours de spéculations et d'industrie, les
arguments pour obtenir de nouvelles concessions sur les
cours d'eau déjà grevés de droits d'usage ne manqueront
pas aux demandeurs, et, parmi ces arguments, il en est un
qu'il faut signaler d'avance et auquel il faut répondre.

On dira : Sans doute, il arrive ou il peut arriver que
pendant les mois de l'été, qu'aux premiers jours de l'arrière-
saison et dans quelques époques accidentelles, les eaux des
rivières faillissent à l'arrosage qu'elles doivent desservir ;
mais ces mêmes rivières roulent, le reste de l'année, une
masse d'eau supérieure aux besoins de leurs usagers. Faut-il,
dès lors, que l'agriculture soit privée des avantages et des
bénéfices qu'elle retirerait de ces eaux superflues, et qui se
perdent sans avoir été de la moindre utilité au pays qu'elles
pourraient féconder, et que souvent elles dévastent?

Nous soutenons que, dans l'état actuel des choses, sous
la législation administrative vague, incomplète qui nous
régit, ces eaux ne peuvent être utilisées dans les limites
d'une sévère et exacte justice sans bouleverser le régime actuel des eaux déjà si funeste aux droits de propriété et d'u-

sage acquis légalement sur elles. Mais n'en serait-il pas autrement si, comme nous l'avons demandé, tous les grands cours d'eau étaient classés, si les prises d'eau légalement construites sur leurs bords étaient seules constatées et maintenues, si la quantité d'eau à laquelle chacune d'elles aurait des droits était fixée, si des dalles sur leur sol, des pierres apparentes au pied de leurs francs-bords indiquaient sur chacun d'eux la hauteur que doivent atteindre leurs eaux pour satisfaire les besoins de tous leurs usagers, si des vannes qui s'ouvriraient et se fermeraient à clef existaient à l'ouverture de chaque canal particulier? n'en serait-il pas autrement si, comme nous le demanderons, des officiers spéciaux d'administration et de police étaient institués pour exercer sur tous les grands cours d'eau une police sévère, une surveillance continuelle?

Lorsqu'une loi nouvelle aura consacré ces grandes et utiles mesures, lorsque la priorité pour l'usage des eaux existantes sera irrévocablement dévolue aux premiers concessionnaires, lorsque les nouveaux ne pourront les amener dans leurs canaux qu'après que les premiers auront pu exercer tous leurs droits sur elles sans s'exposer à des peines, à des amendes, à de grands dommages, que lorsqu'il y aura des eaux surabondantes dans le bassin, d'où les uns et les autres pourront les extraire, le gouvernement pourra multiplier ses concessions; les intérêts de l'agriculture, le respect dû à la propriété seront conciliés.

§ 7.

Ma tâche serait achevée, si je n'éprouvais le besoin de présenter quelques considérations générales sur la nécessité de soumettre à un régime administratif spécial, à une surveillance particulière les grands cours d'eau sur lesquels existent déjà, ou peuvent être créés à l'avenir, des établissements d'utilité générale.

Toutes les matières dont se forme la masse des intérêts généraux, et qui influent sur la fortune et les prospérités nationales, ont été placées, comme cela devait être, sous la haute main des premiers fonctionnaires administratifs ; mais chacune d'elles a été l'objet d'une organisation particulière, a été soumise à un régime spécial et confiée à des administrateurs spéciaux, à des agents qui exercent sur elle une surveillance de tous les instants. La matière imposable, les douanes, les mines, les poids et mesures, les forêts, les rivières servant à la navigation, les eaux thermales ont leurs administrations particulières, leurs agents particuliers. Pourquoi les grands cours d'eau, qui ne sont pas classés comme une dépendance du domaine public, et qui, néanmoins, sont aussi utiles à l'agriculture et à l'industrie que les autres sont utiles au commerce et à la navigation, n'ont-ils pas trouvé une place dans notre législation ? Les progrès de l'agriculture, le développement des nouvelles industries qui, en fondant des fortunes privées, peuvent ajouter aux revenus de l'État, occuper tant de bras, récompenser tant de travaux, nourrir tant de familles, ne sont-ils pas des motifs assez puissants pour soumettre tous les grands cours d'eau qui se rattachent dès lors à tous les intérêts, à une législation spéciale, à un régime administratif particulier ?

Un grand cours d'eau, pour n'avoir pu être classé comme navigable et flottable, n'a rien perdu de son importance s'il féconde l'agriculture de tout un département, s'il fait vivre une grande partie de sa population. Régi par des lois particulières, défendu, contre les usurpations de ses eaux, contre ses crues, par des administrateurs, par des agents spéciaux, il rendra, dans son avenir, des services plus grands que ceux qu'il a rendus dans son passé. Ses lois ne doivent donc pas être ensevelies dans un code de lois générales ; son administration ne doit donc pas être jetée pêle-mêle avec celle de tous les objets qui se rattachent à l'universalité des intérêts généraux, dans des mains qui ne peuvent la diriger et la suivre dans ses moindres détails.

Notre ancien code administratif atteste toute l'importance que nos souverains attachaient à la conservation de nos grands cours d'eau.

Les lois de 1790 et 1791 abolirent ce code : elles confièrent la direction et la police des eaux aux administrations centrales ; mais ces administrations étaient du moins composées de plusieurs membres qui pouvaient se partager les diverses branches du service administratif, et les eaux publiques pouvaient trouver un administrateur qui leur fût spécialement attaché.

Les préfets ont hérité de toutes les attributions que ces lois accordaient aux administrations centrales; mais un premier et unique fonctionnaire, à qui le gouvernement confie un grand rôle politique, absorbé par cette masse de matières qu'il doit embrasser, par cette multiplicité d'objets dont il doit s'occuper, quels que soient son zèle et son aptitude, ne peut aborder et suivre tous les détails de sa vaste administration : il ne peut, dès lors, surveiller, constater, faire réprimer toutes les illégalités que subissent les grands cours d'eau qui parcourent quelquefois tout son département, ces grands canaux d'arrosage qui fécondent de vastes territoires, et ces nombreux canaux particuliers qui sillonnent celui de tant de communes; et ces illégalités, les autorités locales, dans l'intérêt de leurs administrés, qui peuvent être et souvent sont leurs propres intérêts, ne seront-elles pas peut-être les premières à les cacher, à les absoudre, à les soutenir ?

La preuve de cette vérité, le département des Pyrénées-Orientales est assez malheureux pour la fournir. Depuis 1790, et particulièrement depuis 1814, des riverains ont disposé de ses grands cours d'eau, comme de chose abandonnée ou leur appartenant. Ce n'est que longtemps après la construction de prises d'eau illégales que les premières autorités, les usagers inférieurs ont connu l'existence de ces travaux exécutés sans autorisation, à plusieurs lieues en amont du siége de l'administration de leur domicile. De là l'appauvrissement de l'arrosage dans les territoires les plus rapprochés de la mer, des procès dispendieux entre des communes, des associations d'arrosants et des associations qui voulaient arroser sans droit et sans titre, la situation financière de tous devenue déplorable, et, ce qui est encore plus malheureux, des discussions passionnées, de funestes divisions, des haines invincibles entre des classes de citoyens, des populations entières de tous les temps amies.

Disons donc que, si les eaux navigables et flottables, classées comme dépendances du domaine public, ont commandé des lois pour leur régime administratif, les grands cours d'eau, autres que ceux-là, mais, comme eux, d'une immense utilité, en réclament avec la même justice ; et, comme dans l'ordonnance de 1669 le régime des bois des particuliers a trouvé sa place après celui des grandes forêts de l'État, les grands cours d'eau, non pas du domaine, mais d'une utilité générale pour un département, un arrondissement, un canton, une commune, doivent, après les rivières navigables et flottables, dépendances du domaine, trouver leur régime écrit dans une loi générale et spéciale sur le régime des grands cours d'eau.

Ce n'est pas assez ; il faut que l'exécution de ce régime soit confiée à des fonctionnaires, à des agents spéciaux appelés à exercer sur eux une action, une surveillance continuelles, qui, protégeant la conservation de tous les grands cours d'eaux, et dans l'intérêt général et dans l'intérêt privé, protégeront l'existence d'une nombreuse population de propriétaires et de familles ouvrières, et serviront les progrès de l'agriculture, les développements de l'industrie, sources fécondes de prospérité pour l'État, mères nourricières des sociétés humaines.

Aussi, sous la haute main de l'autorité préfectorale, n'y aurait-il pas une institution à créer, si on ne croyait pas plus utile de rendre à l'administration des forêts les attributions qu'elle avait autrefois sur les eaux ? Ne pourrait-il y avoir, dans chaque département où il existe de grands cours d'eau utiles à l'industrie, et surtout exploités pour l'arrosage, sous le titre d'inspecteur des eaux ou sous tout autre titre, un agent supérieur chargé de les parcourir plusieurs fois l'année dans toute leur étendue, avec mandat et pouvoir de constater toutes les innovations illégales exercées sur leur lit, sur leurs bords, la hauteur de leurs eaux ?

Au-dessous de cet agent ne devrait-on pas placer, dans chaque arrondissement, un agent secondaire, dont la surveillance, dans son ressort, serait de tous les jours, de toutes les heures.

Au premier, comme aux seconds, serait conféré le droit de dresser des procès-verbaux qui auraient, en justice, la même force que ceux des agents de l'administration forestière, de celle des douanes contre les auteurs et complices de toute construction de prises d'eau, de dérivations, empiètements et travaux quelconques exécutés, sans autorisation, sur les cours d'eau de toute nature.

Pour compléter ce système d'administration et de police, on pourrait établir, sur chaque canal d'arrosage, et peut-être sur chaque territoire de commune qu'il parcourt, des préposés chargés de faire exécuter et la loi générale et ses règlements particuliers, de constater les contraventions à ces règlements, en ce qui concernerait une juste répartition des eaux entre les usagers, suivant les droits de chacun d'eux ; chargés encore d'empêcher l'abus des eaux, ce qui mettrait à l'abri de tout dommage et la voirie et la propriété privée.

Ces préposés auraient le droit de dresser des procès-verbaux, qui, comme ceux des agents supérieurs dont nous avons parlé, seraient transmis au procureur du roi, qui ne pourrait se dispenser, d'après une disposition expresse de la loi, de les déférer aux tribunaux, pour appliquer, aux auteurs et complices de tous les faits illégaux dont les cours d'eau auraient été l'objet, les peines prononcées par la loi.

Ajoutons, en finissant, que cette institution si utile ne

6

serait pas une charge pour le budget de l'État. Les communes propriétaires de canaux, les associations d'arrosants, les propriétaires d'usines fourniraient, avec joie, aux frais qu'elle porterait avec elle ; ils pourvoiraient aux émoluments dus aux protecteurs de leurs premiers moyens d'existence ; ils acquitteraient ce nouvel impôt avec la même exactitude qu'ils acquittent la prime d'assurance à la société qui garantit leurs propriétés contre le feu du ciel, la torche de l'incendiaire, avec la même résignation qu'ils subissent les dépenses que traîne avec lui le génie civil, dans les travaux qu'il fait exécuter sur les cours d'eau pour défendre la propriété contre leurs crues.

RÉSUMÉ ET CONCLUSIONS.

Dans le cercle étroit qu'il m'était permis de parcourir au milieu du vaste champ qu'ouvrait devant moi la matière des eaux, j'ai cherché, autant qu'il était en moi, à servir les intérêts des arrosants roussillounais, mes concitoyens, en faisant connaître les lois qui, pendant de longs siècles, ont régi les eaux de leur province, la doctrine des auteurs, les monuments judiciaires basés sur ces lois ; j'ai ensuite produit et analysé les titres en vertu desquels ils ont acquis des droits de propriété privée, d'usage exclusif sur les trois grands cours d'eau publics ou domaniaux qui coulent dans leur province ; enfin j'ai voulu démontrer

1° Que les trois rivières du Roussillon étaient déja domaniales dans le XIIIᵉ siècle ; que, comme telles, leurs eaux étaient aliénables et furent aliénées par nos anciens rois ;

2° Que, sans briser des contrats légaux, c'est-à-dire sans rompre tous les liens par lesquels les lois civiles unissent les hommes en société, les possesseurs de ces eaux ne peuvent être dépouillés de leurs droits sur elles ;

3° Que de nouveaux droits ne peuvent être créés en faveur de tiers que lorsqu'il sera reconnu que, dans les rivières qui doivent alimenter leurs canaux d'arrosage, il coule constamment un volume d'eau suffisant aux droits des anciens et aux besoins des nouveaux usagers.

J'ai osé indiquer ce qui, suivant moi, devrait être, pour que les anciennes lois civiles reprennent, en matière d'eaux, toute leur puissance, pour que les lacunes qui existent dans leurs lois administratives soient remplies.

J'ai invoqué, pour les anciens usagers des eaux, dans leurs intérêts et dans leurs droits, les garanties légales qui leur sont dues, dans l'instruction des nouvelles demandes en concessions d'eau, les conditions sous lesquelles ces concessions doivent être accordées.

Enfin une administration particulière ne devrait-elle pas être créée pour tous les grands cours d'eau, soit qu'on les classe comme dépendances du domaine public, soit que, sans avoir pu être classés, ils n'en soient pas moins d'une utilité publique et générale? Ma tâche est achevée.

A. Jaubert,

avocat, ancien bâtonnier.

Extrait des *Mémoires de la Société nationale et centrale d'agriculture.* — Année 184...

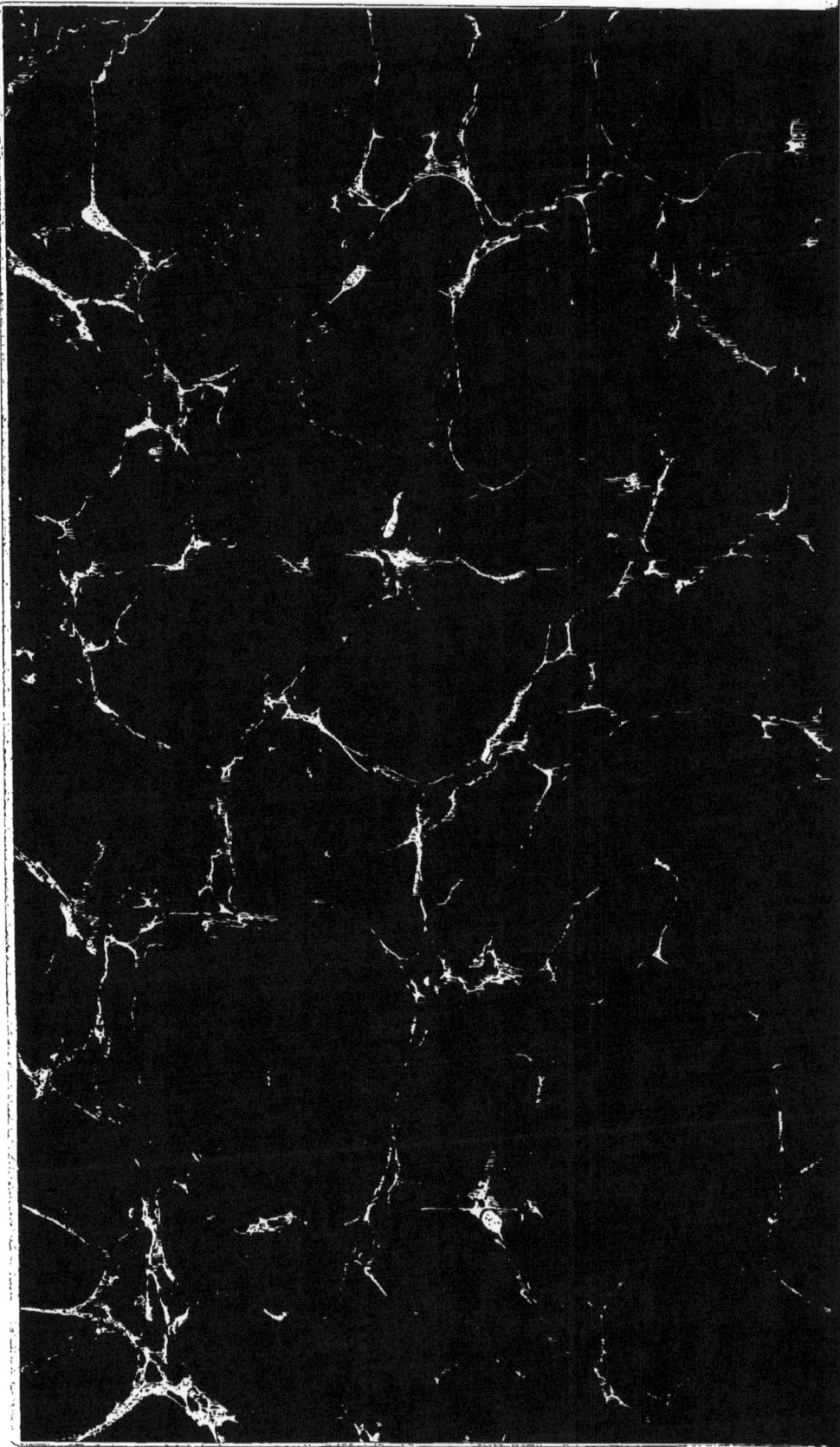

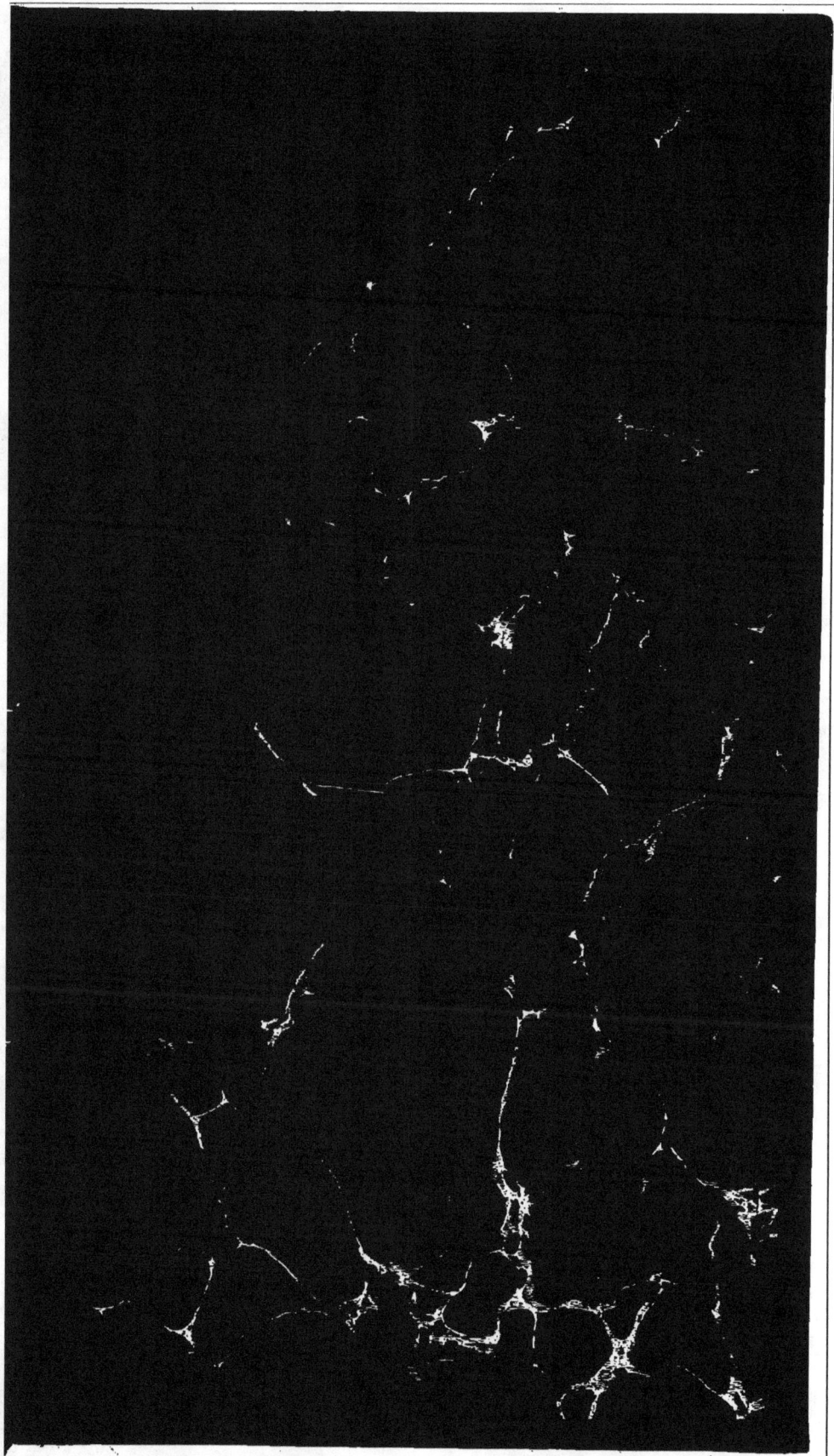